Woltersdorfer
Qualitätshandbuch

**Elterninitiative
Christliche Kindertagesstätte
und Familien-Zentrum Woltersdorf e.V.**

Band 1

Mit einem Vorwort von Rahel Dreyer

Herausgegeben von Karolin Lenke,
Elke Sinnigen und Wolfgang Stock

An diesem Qualitätshandbuch haben mitgearbeitet:

Angela Barile
Christin Borchardt
Bärbel Chilla
Claudia Graumann
Gerlinde Edling-Ulbrich
Christine Habecker
Antje Flemming
Karolin Lenke
Christina Liefke
Johanna Meyer
Anita Misler
Andrea Munder
Madleen Packwitz
Lydia Schmidt
Elke Sinnigen
Oriana Stock
Anne-Katrin Vetter
Hans-Joachim Weichardt
Claudia Wicke

ISBN: 9783732236442 ©2012/2013

Elterninitiative Christliche Kindertagesstätte
und Familien-Zentrum Woltersdorf e.V.
Werderstr. 9 / Hans-Knoch-Str. 1
15569 Woltersdorf
Telefon 033 62 - 33 05
www.Christliche-Kita.de
www.Facebook.com/Christliche.Kita.Woltersdorf
Herstellung und Verlag: BoD – Books on Demand, Norderstedt.

Inhalt

Vorwort
von Prof. Dr. Rahel Dreyer

Der vorliegende erste Band des Qualitätshandbuchs der „Elterninitiative Christliche Kindertagesstätte und Familien-Zentrum Woltersdorf e.V." wurde in einem zweijährigen Teamprozess eigenständig erarbeitet. Er ist das Ergebnis von knapp 15 Jahren qualitätsorientierter Arbeit, verbunden mit einer Zertifizierung mit dem Kita-Gütesiegel sowie einer Auszeichnung als landesweit bester Kindergarten und drittbeste Kita im 1. Brandenburgischen Kita-Qualitätswettbewerb. Dieser erste Band beinhaltet die Konzeption dieses „Kita-Handbuchs", auf deren Grundlage die pädagogische Arbeit selbstkritisch reflektiert und (weiter)entwickelt werden soll. Dem Team ist es damit gelungen, den Anforderungen einer modernen, christlich-verantwortungsvollen Pädagogik und gleichzeitig neuen gesetzlichen und gesellschaftlichen Herausforderungen zu begegnen.

Der politisch forcierte Ausbau der Kindertagesbetreuung für die unter dreijährigen Kinder sowie die Forderung nach der Weiterentwicklung der pädagogischen Qualität in Kindertageseinrichtung stellt das gesamte System aktuell vor große Herausforderungen. Es müssen eine Vielzahl bewusster pädagogischer und konzeptioneller Entscheidungen getroffen werden, um den gesellschaftlichen Bildungs-, Betreuungs- und Erziehungsauftrag für Kinder von null bis sechs Jahren zu erfüllen, positive Bedingungen für ihr Wohlbefinden herzustellen sowie Entwicklungs- und Bildungsprozesse zu unterstützen.

Dies ist in der vorliegenden Konzeption hervorragend herausgearbeitet worden. Grundlage ihrer pädagogischen Arbeit ist neben dem Kindertagesstättengesetz des Landes Brandenburg, den Grundsätzen elementarer Bildung sowie der Satzung des Trägers eine christliche Grundorientierung. Das zeigt sich in einem Bild vom Kind, das als „geliebtes Kind Gottes" sowie als „wertvoll" und „einzigartig" beschrieben wird. Zum Ausdruck kommt eine wertschätzende, stärkenorientierte Grundhaltung gegenüber Kindern sowie die Bereitschaft, Bedingungen bereitzustellen, damit sie ihre Potenziale bestmöglich nutzen und entfalten sowie Erfahrungen mit Gott sammeln können. Eine ganzheitliche Werteerziehung und die Vermittlung von Ausdrucksformen des christlichen Glaubens, deren Elemente in einem eigenen Kapitel veranschaulicht werden, sind Ausdruck einer modernen, christlich orientierten Pädagogik. Dieses Qualitätshandbuch bietet einen guten Einblick, wie christlicher Glaube im Alltag einer Kindertageseinrichtung sowie eines Familienzentrums gelebt werden kann.

Positiv hervorzuheben ist außerdem, dass es einen eigenen Qualitätskatalog sowie eine Dokumentensammlung aufnehmen möchte. Dies ist besonders zu begrüßen, da gerade für die pädagogische Arbeit mit Kindern unter drei Jahren und ihren Familien besondere Voraussetzungen zu berücksichtigen sind. Von entscheidender Bedeutung ist u.a. die so genannte „Strukturqualität". Hier geht es um die räumlich-materiellen und personellen Rahmenbedingungen, unter denen das pädagogische Handeln stattfindet. Dazu gehören z.B. ein guter Erzieher-Kind-Schlüssel, die Gruppengröße, die Qualifikation des pädagogischen Personals, Kontinuität bzw. Stabilität des Teams, Verfügungszeiten für das Personal und die Raumgestaltung in der Einrichtung. Um darüber hinaus eine hohe pädagogische „Prozessqualität", d.h. eine hohe Qualität des pädagogischen Umgangs mit dem Kind und damit die Entwicklung der Kinder zu erzielen, ist jedoch nicht nur ein Fachwissen der Fachkräfte über die Altersgruppe der unter Dreijährigen erforderlich, sondern auch eine besondere Aufmerksamkeit, Einfühlsamkeit und Antwortbereitschaft im Umgang mit den Kindern. Das bedeutet, dass gewährleistet sein muss, dass Kinder in der Kita stabile Beziehungen und Bindungen zu Fachkräften aufbauen und erfahren können. Sichere Bindungen zu den Erzieherinnen und Erziehern stellen grundlegende Voraussetzungen für positive Bildungs- und Entwicklungsprozesse von Kindern dar. Daher müssen Kontinuität und Verlässlichkeit der Beziehungen zwischen Kindern und Erwachsenen sowie auch zwischen Gleichaltrigen gewährleistet sein.

Wünschenswert wäre, wenn gerade christliche Kitas hier Vorreiter sind und best-practice mit klaren Qualitätszielen insbesondere für die unter Dreijährigen vorweisen. Denn um das Ausbauziel zu erreichen, gerät leider gerade die Diskussion über die Qualität der pädagogischen Arbeit vielerorts ins Hintertreffen. Dabei brauchen wir gerade für unsere Jüngsten und Verletzlichsten die besten Bedingungen!

Auch hier kann die „Elterninitiative Christliche Kindertagesstätte und Familien-Zentrum Woltersdorf e.V." durch ihren eigenen Qualitätskatalog, der auch die besonderen Bedürfnisse von Krippenkindern berücksichtigt, Vorbild und Modell sein.

Rahel Dreyer ist Inhaberin der FRÖBEL-Stiftungsprofessur für Pädagogik und Entwicklungspsychologie der ersten Lebensjahre und ist wissenschaftliche Leiterin des berufsintegrierenden Studiengangs "Erziehung und Bildung im Kindesalter" an der Alice Salomon Hochschule Berlin. Ihre Arbeitsschwerpunkte sind u. a. Entwicklung und Bildung im frühen Kindesalter, familienbezogene Bildungsarbeit und Frühpädagogik im internationalen Vergleich.

1 Einleitung

Aus der Idee engagierter Eltern entstand 1997 die „Elterninitiative Christliche integrierte Kindertagesstätte Woltersdorf e.V.".

Seit 2007 leisten wir familienunterstützende Arbeit über den üblichen Rahmen einer Kindertagesstätte hinaus, was uns zu einem Familien-Zentrum hat werden lassen.

Die vorliegende Konzeption stellt den ersten Teil und das Herzstück unseres „Kita-Handbuches" dar.

Mit dem „Kita-Handbuch" haben wir uns selbst ein Arbeitsinstrument geschaffen, das uns in einem gesteuerten Qualitätsentwicklungsprozess begleitet. Das „Kita-Handbuch" wird neben der Konzeption einen eigenen Qualitätskatalog sowie eine Dokumentensammlung aufnehmen. Weitere Teile sind denkbar.

Zwei Jahre haben wir uns Zeit genommen, unsere Konzeption zu bearbeiten, was wörtlich zu verstehen ist: Wir haben sie angemalt, zerschnitten und wieder zusammengefügt. Wir haben alle Themen der Konzeption diskutiert, uns fachlich mit ihnen auseinandergesetzt, miteinander verhandelt und uns auf einen gemeinsamen Nenner verständigt, der **uns** und **unserer Arbeit** entspricht.

Wir haben das „Jetzt" in unsere Arbeitsgrundlage eingearbeitet, was in einem lebendigen Haus wie unserer Kita immer wieder zu einer Notwendigkeit wird. Nicht nur, dass sich jeder Mitarbeiter und das Team insgesamt ständig weiterentwickelt, nach 13 Jahren haben wir auch einen Leitungswechsel erlebt. Wir sind über die Zeit zu einem Familien-Zentrum herangereift. Neue gesetzliche und gesellschaftliche Herausforderung, wie der Ausbau von Krippenplätzen und die Auseinandersetzung mit pädagogischer Qualität, verändern die Arbeit.

Unsere Konzeption soll auch in Zukunft als authentische Arbeitsgrundlage dienen und verbinden, daher mußten all diese Entwicklungen Eingang hierin finden.

Alle pädagogischen Mitarbeiter waren in diesen Prozess involviert. Neue Methoden der Auseinandersetzung und neue Darstellungsformen für die Ergebnisse wurden gefunden.

Wir gehen davon aus, dass wir mit der Arbeit an unserem „Kita-Handbuch" einen wichtigen Schritt auf dem Weg der Qualitätsentwicklung gehen konnten.

Wir wissen, dass es damit nicht getan ist.

Soll hervorragende pädagogische Qualität in der Kindertagesstätte und im Familien-Zentrum gesichert und weiterentwickelt werden, wird es nötig werden, auch diese Konzeption und die darauf basierende tägliche Arbeit immer wieder ehrlich und selbstkritisch zu reflektieren und zu entwickeln.

Wir haben uns entschieden, diesen Weg weiterzugehen!

2   Grundlagen unserer pädagogischen Arbeit

Auf der Grundlage des Kindertagesstätten-Gesetzes (Land Brandenburg), der Bildungsbereiche und der Satzung des Trägers soll unsere pädagogische Arbeit von der christlichen Grundorientierung bestimmt sein.

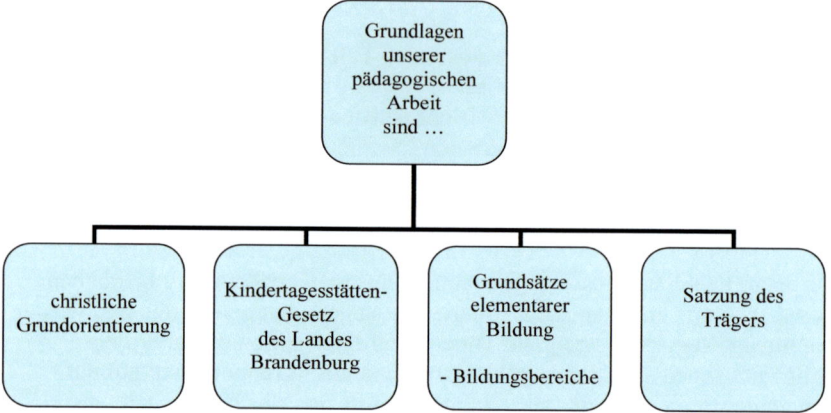

Unser „Bild vom Kind" auf der Grundlage christlicher Grundorientierung:
Die christlich orientierte Pädagogik in unserer Kita geht davon aus, dass das Kind als Ebenbild Gottes geschaffen ist. Somit ist jedes Kind ganz besonders und einzigartig.
Von dieser Annahme leiten wir Ansprüche ab, die jedem Kind zustehen.
Jedes Kind hat daher ein Recht auf …
    … Akzeptanz seiner Person
    … freies Denken, Handeln und Spielen sowie auf Erziehung
    … aktive positive Zuwendung
    … Entfaltung seiner Persönlichkeit
    … Rückzug
    … eigene Wahl der Spielgefährten
    … faire Auseinandersetzung mit Kindern und Erwachsenen
    … eine gestaltbare und veränderbare Umgebung in der Kita
    … gesunde Ernährung.
Wir legen Wert auf eine ganzheitliche Werteerziehung und auf Vermittlung von Ausdrucksformen des christlichen Glaubens.[1]

---

[1] Ausführliches zu Zielen in diesem Zusammenhang und Angeboten zu deren Umsetzung siehe: **5. Unsere Ziele in der pädagogischen Arbeit** und **6.1 Christlich orientierte Pädagogik**

Auszug aus dem Kindertagesstätten-Gesetzt des Landes Brandenburg[2]:

§ 3
Aufgaben und Ziele der Kindertagesstätte

(1) Kindertagesstätten erfüllen einen eigenständigen alters- und entwicklungsadäquaten Betreuungs-, Bildungs-, Erziehungs- und Versorgungsauftrag. Die Bildungsarbeit der Kindertagesstätte unterstützt die natürliche Neugier der Kinder, fordert ihre eigenaktiven Bildungsprozesse heraus, greift die Themen der Kinder auf und erweitert sie. Sie ergänzen und unterstützen die Erziehung in der Familie und ermöglichen den Kindern Erfahrungen über den Familienrahmen hinaus. Der eigenständige Bildungs- und Erziehungsauftrag der Kindertagesstätten schließt ein, die Kinder in geeigneter Form auf die Grundschule vorzubereiten.

(2) Kindertagesstätten haben insbesondere die Aufgabe,

1. die Entwicklung der Kinder durch ein ganzheitliches Bildungs-, Erziehungs-, Betreuungs- und Versorgungsangebot zu fördern,
2. den Kindern Erlebnis-, Handlungs- und Erkenntnismöglichkeiten ausgehend von ihren Bedürfnissen in ihrem Lebensumfeld zu erschließen,
3. die Eigenverantwortlichkeit und Gemeinschaftsfähigkeit der Kinder zu stärken, unter anderem durch eine alters- und entwicklungsgemäße Beteiligung an Entscheidungen in der Einrichtung,
4. die Entfaltung der körperlichen, geistigen und sprachlichen Fähigkeiten der Kinder sowie ihrer seelischen, musischen und schöpferischen Kräfte zu unterstützen und dem Kind Grundwissen über seinen Körper zu vermitteln,

5. die unterschiedlichen Lebenslagen, kulturellen und weltanschaulichen Hintergründe sowie die alters- und entwicklungsbedingten Bedürfnisse der Jungen und Mädchen zu berücksichtigen; in dem angestammten sorbischen (wendischen) Siedlungsgebiet für die sorbischen (wendischen) Kinder die Vermittlung und Pflege der sorbischen (wendischen) Sprache und der sorbischen (wendischen) Kultur zu gewährleisten,
6. das gleichberechtigte, partnerschaftliche, soziale und demokratische Miteinander sowie das Zusammenleben von Kindern mit und ohne Behinderungen zu fördern,
7. eine gesunde Ernährung und Versorgung zu gewährleisten,
8. einen verantwortungsvollen Umgang mit der Umwelt zu vermitteln und einen nach ökologischen Gesichtspunkten gestalteten Lernort zu bieten.

---

[2] (Quelle: http://www.bravors.brandenburg.de/sixcms/detail.php?gsid=land_bb_bravors_01.c.49585.de#3 * Stand : 13.06.2011)

Auszug aus „Grundsätze elementarer Bildung in Einrichtungen der Kindertagesbetreuung im Land Brandenburg":[3]

Zielsetzung:
Ziel der „Grundsätze elementarer Bildung in Einrichtungen der Kindertagesbetreuung im Land Brandenburg" ist es sicherzustellen, dass allen Kindern in den Tageseinrichtungen des Landes die erforderlichen und ihnen angemessenen Bildungsmöglichkeiten eröffnet werden. Die Grundsätze bestimmen dafür thematisch gegliederte Bildungsbereiche, die den vorhandenen Bildungsfähigkeiten von Kindern entsprechen. Sie fordern die Träger und die Fachkräfte in den Einrichtungen auf, den Mädchen und Jungen Erfahrungen in diesen Bildungsbereichen zu eröffnen und diese in unterstützender und herausfordernder Weise pädagogisch zu begleiten.

Bildungsbereiche:
Bei den sechs Bildungsbereichen handelt es sich um
• **Körper, Bewegung und Gesundheit,**
• **Sprache, Kommunikation und Schriftkultur ,**
• **Musik,**
• **Darstellen und Gestalten,**
• **Mathematik und Naturwissenschaft,**
• **Soziales Leben.**

Diese Bildungsbereiche sind untereinander gleichrangig; die Abfolge stellt somit keine Wertung dar.

Auszug aus der Trägersatzung:

§ 2 Zweck und Mittel

1) Der Verein fördert die Erziehung und Bildung von Kindern und die Erziehungsfähigkeit der Eltern.
2) Zur Erreichung seines Zwecks will der Verein auf der Grundlage christlicher Werte insbesondere
- eine integrierte Kindertagesstätte (Kita) betreiben, in der Kinder gefördert, gebildet und betreut werden, sowie
- ein Familienzentrum betreiben, das Bildungs-, Förder- und Betreuungsangebote für eine breite Öffentlichkeit bietet.
2) Die Einrichtungen des Vereins stehen allen offen.

---

[3] (Quelle: http://www.kitas-fuer-kitas.de/fileadmin/Redaktion/Kita-Wettbewerb/bildungsgrundsaetze.pdf * Stand: 13.06.2011)

3 Bedeutung der ersten Lebensjahre und der Elternschaft

Die ersten Jahre (0 bis 6 Jahre) eines Kindes sind für seine gesamte Entwicklung von entscheidender Bedeutung.
Diese Zeit wird durch die Familie und im Besonderen durch die Eltern und Bezugspersonen geprägt. Die Kinder entwickeln ihre Persönlichkeit, sie lernen Beziehungen aufzubauen und zu festigen.
Eine wichtige Voraussetzung dafür ist die Bindung im Elternhaus. Die Geborgenheit und Unterstützung der Eltern geben dem Kind Sicherheit sich auch außerhalb der Familie selbstständig zu bewegen und neue Lebenserfahrungen zu sammeln.
Eltern sind Experten ihrer Kinder und in allem Vorbilder für diese.

4 Einflüsse des Lebensumfeldes / der Lebensumstände und der pädagogische Auftrag der Kindertagesstätte

Elternschaft bedeutet, ein hohes Maß an Verantwortung für einen Menschen zu übernehmen. Dieser Verantwortung gerecht zu werden, erfordert viel Engagement, dessen Basis die Liebe zum eigenen Kind ist.
Oftmals wird diese Verantwortung nur von einem Elternteil getragen, beengte Wohnverhältnisse oder die Berufstätigkeit der Eltern machen es schwer den eigenen Erwartungen an den Erziehungsauftrag gerecht zu werden.

Wir möchten die Erziehung in den Familien im Rahmen unseres Bildungsauftrages ergänzen und begleiten. Die Kinder erhalten bei uns zusätzliche Möglichkeiten zur gabenorientierten und individuellen Entwicklung ihrer Persönlichkeit. Wir sehen es als unseren Auftrag an, vielseitige pädagogische Ziele und Angebote zu entwickeln und den Kindern anzubieten.

Die Eltern sind die wichtigsten Bezugspersonen für ihr Kind. Daher möchten wir mit ihnen als „Experten" zusammenarbeiten.

5 Unsere Ziele in der pädagogischen Arbeit

In der Arbeit mit den uns anvertrauten Kindern verfolgen wir folgende Ziele:

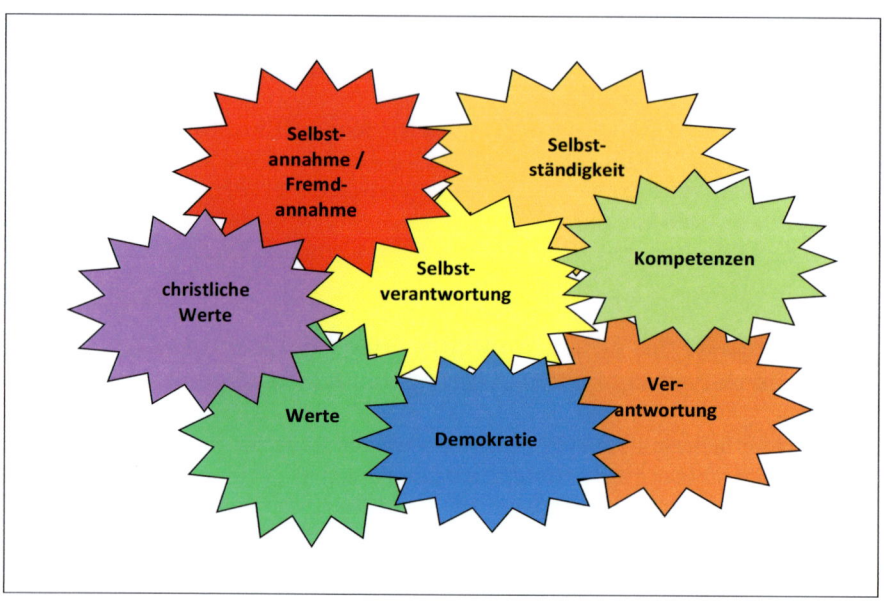

Diese Schlagworte beschreiben sehr abstrakte Ziele.
Jeder füllt sie mit unterschiedlichen Inhalten.

– Deswegen beschreiben wir,
was wir darunter verstehen.

Diese Ziele sind ohne Reihenfolge miteinander verwoben.
Sie schließen aneinander an und ergänzen sich.

– Deswegen sind sie in unserem
pädagogischen Alltag verknüpft.

Diese Ziele sind langfristig.
Die Kinder und wir selbst nähern uns ihnen in kleinen Schritten an.

– Deswegen orientieren wir uns an dem
tatsächlichen Entwicklungsstand der Kinder.

Unsere Ziele sind:

Genauer gesagt:

Werte

Die Kinder werden befähigt, Werte, die für ihr Leben wichtig sind und die das Miteinander bereichern, zu erkennen und anzunehmen.

christliche Werte

Unser Ziel ist es, den Kindern Werte zu vermitteln, deren Grundlage die Bibel ist. Kinder erleben bei uns den christlichen Glauben in der Gemeinschaft.

Selbstständigkeit

Wir wollen die Selbstständigkeit der Kinder im Handeln, im Denken und im Treffen von Entscheidungen fördern.

Selbstverantwortung

Unser Ziel ist es, Selbstverantwortung zu fördern. Kinder nehmen alters- und entwicklungsentsprechend ihre eigenen Bedürfnisse wahr und handeln danach.

Verantwortung

Durch die Fähigkeit zur Selbstverantwortung
lernen sie zunehmend auch für andere
Menschen und ihr Umfeld Verantwortung zu
übernehmen.

Kompetenzen

Unser Ziel ist es, dass Kinder ihre Fähigkeiten
und Fertigkeiten erkennen und wahrnehmen;
und dass wir ihnen einen Rahmen für die
individuelle Weiterentwicklung geben.

Selbstannahme und Fremdannahme

Jeder Mensch ist ein Geschenk Gottes. Daher
darf sich jeder selbst so annehmen wie er ist.
Aus dieser Fähigkeit erwächst die Möglichkeit
auch andere anzunehmen.

Demokratie

Unser Ziel ist es, fair und demokratisch
miteinander umzugehen.

Werte

Die Kinder werden befähigt, Werte, die für ihr Leben wichtig sind und die das Miteinander bereichern, zu erkennen und anzunehmen.

Gedanken zu diesem Ziel:

- lebensnotwendiges Rüstzeug für die Menschen
- Richtlinien, damit das soziale Leben in der Gruppe funktionieren kann
- nach Werten leben und diese durch Vorleben (Erziehung) vermitteln
- Lernen am Modell
- Was ist mir wichtig im Leben?
- Welche Werte gilt es zu erhalten und zu bewahren?
- miteinander ins Gespräch kommen
- …

Wie wir dieses Ziel umsetzen?

- Vorleben von uns wichtigen Werten
- Werte anbieten um Orientierung zu geben
- Spiegeln von Verhaltensweisen im Umgang miteinander (verbal/nonverbal)
- Werte bewusst ansprechen und miteinander besprechen
- Fragen stellen!; nicht immer nur Antworten und Rezepte austeilen
- Kinder finden selbst Maßstäbe
- Kinder handeln selbst Entscheidungen aus z.B. Wer darf anfangen? Was ist eine gerechte Lösung?
- vermitteln / moderieren
- Kinder lernen (anderen Kindern) Grenzen setzen und „Stop!-Sagen"
- Werte entdecken
- erkennen, was passiert
- die Goldene Regel: „Behandle andere so, wie du selbst behandelt werden möchtest!"
- Rituale z.B. bei Begrüßung, Morgenkreis oder das Tischgebet
- offene Auseinandersetzungen und Streit im einfühlsamen Gespräch klären
- „Ich traue mich meine Meinung zu sagen."
- Freunde selber aussuchen
- Gutes loben
- gegenseitiges Helfen
- keiner bleibt zurück, füreinander da sein
- Ehrlichkeit
- Freundschaften begleiten
- Mitgefühl
- Wir reden über Schadenfreude und Petzen.
- …

christliche Werte

christliche Werte

Unser Ziel ist es, den Kindern Werte zu vermitteln, deren Grundlage die Bibel ist. Kinder erleben bei uns den christlichen Glauben in der Gemeinschaft.

Gedanken zu diesem Ziel:

- Werte basierend auf der Bibel – z.B. Nächstenliebe, Barmherzigkeit, Treue, …
- Gottes Liebe verständlich vermitteln
- 10 Gebote und Werte des neuen Testaments
- kindlicher Glaube / Bibelwissen
- Vorbild sein; authentisch leben
- …

Wie wir dieses Ziel umsetzen?

- Tischgebete vor den Mahlzeiten – Dankbarkeit
- biblische Geschichten hören, spielen, sehen, … z.B. Barmherzigkeit (barmherzige Samariter, helfen)
- christliche Lieder singen
- beten … z.B. für kranke Kinder oder Reisende
- Kindergottesdienste zum Kirchenjahr und zu anderen Anlässen – z.B. zur Einschulung der „Großen" (Wir sind stolz auf euch! Ihr schafft das! Ihr habt viel gelernt! Schön, wenn wir uns wieder sehen!)
- Feste christlichen Ursprungs: z.B. St. Martin
- Hinweise auf Inhalte und Hintergründe von Festen; Materielles tritt in den Hintergrund
- Wir feiern kein Halloween oder ähnliche Feste.
- Freude am Glauben und Fröhlichkeit
- auf Gott hinweisen … Man kann mit Gott jederzeit reden.
- auf Gott als Schöpfer hinweisen (Tiere und Pflanzen achten)
- sich gegenseitig vergeben
- Respekt und Achtung vor den Kindern; Kinder annehmen
- bedingungslose Liebe
- trösten
- Nächstenliebe
- etwas für andere tun / Diakonie z.B. Bunte Stunde im Krankenhaus, „Weihnachten im Schuhkarton"
- Barmherzigkeit
- Durchhalten
- Hoffnung
- nicht aufgeben z.B. bei Schwierigkeiten, beim Lernen, andere Menschen
- Treue
- Sicherheit geben
- Schutz gewähren
- „Opfer und Täter" im Blick – beide brauchen Trost und Verständnis
- Zuversicht vermitteln
- positiv erziehen
- angstfrei! erziehen (Im Mittelpunkt steht der gnädige Gott.)
- freie Entscheidungen (z.B. mit zu beten; kein Zwang!)

Selbstständigkeit

Wir wollen die Selbstständigkeit der Kinder im Handeln, im Denken und im Treffen von Entscheidungen fördern.

Gedanken zu diesem Ziel:

- „selbst stehen", „groß werden", Schritte gehen, loslassen
- „Hilf mir, es selbst zu tun."
- … es selbst tun lassen
- ausprobieren, „learning by doing"
- Sinneserfahrungen, um sich selbst ein Bild von den Dingen zu machen
- Lernen als Angebot
- Vertrauen zu den Kindern
- eigenes Handeln und Vollbringen
- eigene Grenzen überschreiten
- so viel Hilfe wie nötig, so wenig Hilfe wie möglich
- Erzieher sind Vorbilder und Unterstützer
- Erzieher sind „Mutmacher", Neues zu versuchen – auch mehrfach – bis zum Erfolg
- Anleiten durch Vormachen und sprachlicher Begleitung
- Material und Raum so, dass selbstständiges Handeln möglich und angeregt wird
- …

Wie wir dieses Ziel umsetzen?

- „trocken werden"; allein auf die Toilette gehen / selbst daran denken
- selbstständiges An- und Ausziehen, je nach eigenem Können
- selbst Hände waschen
- selbst stehen; selbst gehen („Wer gehen kann, kann gehen.")
- neue Handlungen und Abläufe lernen nach der Methode „Fragen-Sagen-Tun"
- „Das eine mache ich für dich, das andere kannst du dann schon selbst."
- aufräumen
- Dinge ausprobieren und anfassen; experimentieren
- selbst Grenzen setzen und Bedürfnisse äußern
- Grenzen überschreiten / Ängste überwinden z.B. beim Klettern, Balancieren, jemanden Ansprechen
- Spiel, Spielpartner und Raum selbst wählen
- Kinder anhalten / angeleitet Konflikte selbst zu lösen
- weitgehend selbst entscheiden, was angezogen wird
- selbstständig Essen auffüllen; gleitendes Frühstück und offenes Vesper im Entdeckerland
- Tee und Wasser sowie Obst kann immer selbst genommen werden
- selbstständiges Erledigen der Hausaufgaben
- nach einigen Üben, alleine den Schulweg gehen und den Weg nach Hause zurücklegen
- überlegen, wie der Nachmittag gestaltet werden soll; das organisieren und umsetzen
- allein in Räumen / Garten sein
- …

Selbstverantwortung

Unser Ziel ist es, Selbstverantwortung zu fördern. Kinder nehmen alters- und entwicklungsentsprechend ihre eigenen Bedürfnisse wahr und handeln danach.

Gedanken zu diesem Ziel:

- Ich schaue nach meinen Bedürfnissen und stimme sie mit der Gruppe ab.
- vorbereitete Umgebung
- Selbstverantwortung für die eigenen Gefühle …und was daraus entsteht
- Auseinandersetzung mit eigenen Gefühlen und mit denen des anderen (gegenseitige Bedingung)
- Spielpartner und Material selbst wählen
- mit Fehlern und Konsequenzen umgehen
- …

Wie wir dieses Ziel umsetzen?

- den eigenen Körper / eigene Bedürfnisse wahrnehmen
- „Wann habe ich Hunger / Durst?" (eigene Flasche holen oder sich selbst Tee nehmen)
- „ Muss ich auf die Toilette?"
- „Ist mir warm oder kalt?" (z.B.: Ziehe ich meine Jacke aus? Brauche ich heute meine Handschuhe?)
- „Was und mit wem möchte ich jetzt spielen?"
- „Bin ich müde? Möchte ich mich ausruhen oder zurückziehen?"
- Körpersignale wahrnehmen (z.B. „Mir tut der Bauch weh.")
- Bedürfnisse formulieren
- Hinführen, Bedürfnisse einzuschätzen (z.B. „Wie groß ist mein Hunger?")
- Gefühle wahrnehmen lernen, darüber sprechen
- Wissen über den eigenen Körper (vor allem bei Krankheit oder Allergie)
- Kinder ermutigen, Beziehungen untereinander und mit Erwachsenen aufzubauen
- Konflikte selbst lösen – es versuchen – Hilfe suchen und annehmen
- Selbstverantwortung für das eigene Tun und Lassen, mit den dazugehörigen Konsequenzen
- „Nein!"-Sagen lernen
- selbst Grenzen setzen; nicht alles mit sich machen lassen
- sich beteiligen und Kontakt suchen, Freundschaft suchen
- meine Aufgaben selbst bewusst kontrollieren
- sich entschuldigen
- etwas wieder gut machen
- Verantwortung fürs selbst mitgebrachte Spielzeug trägt das Kind selbst
- Verantwortung für eigene Sachen … eigener Kleiderhaken, Schatzfächer
- sich am Nachmittag verabreden
- Selbstverantwortung für Sachen und Hausaufgaben
- an wichtige Informationen denken
- …

Verantwortung

Durch die Fähigkeit zur Selbstverantwortung lernen sie zunehmend, auch für andere Menschen und ihr Umfeld Verantwortung zu übernehmen.

Gedanken zu diesem Ziel:

- Verantwortung … übertragen, zumuten, anvertrauen
- Ich bin ein Teil des Ganzen und trage meinen Teil dazu bei!
- Wertschätzung für Menschen und Dinge vorleben
- Verantwortung für die Schöpfung
- Achtsamkeit üben
- empathisches Handeln
- Identifikation z.B. mein Freund, unsere Tiere, unsere Gruppe, meine Kita, mein Ort
- bewusstes Übertragen von Aufgaben
- Verletzungsgefahren ausräumen
- eigenes Eigentum schützen / fremdes Eigentum (auch Kitaeigentum) achten
- …

Wie wir dieses Ziel umsetzen?

- anderen / jüngeren Kindern helfen (teilweise altersgemischte Gruppen)
- jemanden mit ins Spiel hineinnehmen
- anderen eine Freude machen (z.B. Bunte Stunde im Krankenhaus)
- den anderen trösten
- miteinander etwas tun z.B. aufräumen
- füreinander etwas tun z.B. Tisch decken, Obst schneiden
- „Was kann ich tun?"
- Wie gehen wir miteinander um? … z.B. ohne uns – durch Worte – zu verletzen
- Verantwortung für andere mit übernehmen z.B. „Ich passe an meinem Tisch auf.", Partnerschaften
- Verantwortung für gemeinsame Aufgaben z.B. aufräumen; faire Absprachen treffen
- an etwas mitdenken z.B. wenn jemand etwas vergessen hat
- einander an etwas erinnern z.B. Händewaschen, Verabredungen
- jemanden von Dummheiten abhalten; Unrecht sehen und dagegen etwas tun (z.B. Erzieher holen)
- Emotionen / Gefühle des anderen erkennen
- verbales Begleiten von Handeln
- kleine Dienste z.B. Tischdienste
- Bescheid sagen, wenn etwas „gefährlich" ist oder sich ein anderes Kind verletzt hat
- achtsam sein z.B. für Lautstärke im Gruppenraum, Gefühle anderer Kinder
- Umsichtigkeit
- Regeln z.B. jeder räumt seinen Platz am Tisch ab
- auf faire Regeln achten
- sorgsam mit Spielzeug und Material umgehen (z.B. ordentlich wegräumen, nicht zerstören, sparsam)
- Verantwortung für unsere Tiere, sie nicht quälen oder töten
- Verantwortung für die Natur und für unsere Umwelt
- Kinder dürfen (mit) organisieren, werden mit einbezogen
- mitentscheiden

Kompetenzen

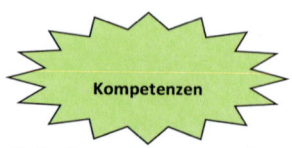

Unser Ziel ist es, dass Kinder ihre Fähigkeiten und Fertigkeiten erkennen und wahrnehmen; und dass wir ihnen einen Rahmen für die individuelle Weiterentwicklung geben.

Gedanken zu diesem Ziel:

- jeder hat Fähigkeiten und Fertigkeiten
- Kinder haben durch ihre natürliche Begabung Kompetenzen!
- es sind von Gott geschenkte Gaben!
- Grundlage sind Beobachtungen und Gespräche
- Vielfalt und Verschiedenartigkeit
- Bereiche, die ich verstehe; Bereiche, in denen ich helfen kann
- Selbstbewusstsein, das heißt, wissen, was ich kann
- Zutrauen, dass ich es kann
- Erzieher erkennen und fördern Kompetenzen; unterstützen, begleiten, geben Hinweise
- Erzieher nehmen an Fortbildungen teil
- „Gut, dass wir einander haben …" – jeder Erzieher bringt sich mit seinen Gaben ein
- …

Wie wir dieses Ziel umsetzen?

- „Da kannst du stolz auf dich sein!" – Kinder bestärken
- Charaktereigenschaften und Begabungen loben
- Stärken benennen und daran ansetzen, diese fördern
- individuelle Förderung aller Kinder (Einzelangebote)
- im Gespräch mit den Kindern Wünsche / Interessen ausloten
- „Was macht mir Spaß?" / „Was kann ich besonders gut?"
- „Was kann ich nicht?"
- man muss nicht alles (selber) können
- von Verschiedenartigkeit profitieren … staunen, was der andere kann
- „Jeder wird gebraucht! Jeder kann sich mit seinen Gaben einbringen."
- alle theoretischen Kompetenzbereiche im Alltag verknüpft und ganzheitlich ansprechen
- ausprobieren verschiedenster Dinge, Horizonte / Möglichkeiten eröffnen
- üben darf man in allen Bereichen
- motivieren auch Fähigkeiten zu üben, die ganz von allein, nicht gewählt werden würden
- Ausgewogenheit zwischen freiem Spiel bzw. freiem Lernen und angeleitete Aktivitäten (z.B. Morgenkreis – Angebote für die Gruppe)
- vorbereitete Umgebung
- frei zugängliches Material (von Schere und Papier bis hin zu Verkleidung und Instrumente)
- Aufgaben je nach Kompetenzen (Herausforderungen)
- Handlungsfreiheiten an Kompetenzausprägung angepasst (z.B. selbstständiges Arbeiten mit Werkzeug, alleine kleine Wege gehen)
- projektorientiertes Arbeiten in den Gruppen und gruppenübergreifend
- eine Bühne schaffen z.B. Auftritte, Bunte Stunde im Krankenhaus, Herbstgala o.Ä.
- Planung richtet sich nach den aktuellen Themen der Kinder – Grundlage ist die Beobachtung
- …

Selbstannahme und Fremdannahme

Jeder Mensch ist ein Geschenk Gottes.
Daher darf sich jeder selbst so annehmen wie er ist. Aus dieser Fähigkeit erwächst die Möglichkeit auch andere anzunehmen.

Gedanken zu diesem Ziel:

- Ich kann mich leiden; bin zufrieden mit mir, so wie ich bin. … und ich will mich weiterentwickeln.
- Ich kann dich leiden; bin zufrieden mit dir, so wie du bist. … und du darfst dich weiterentwickeln.
- Jeder Mensch ist gut und hat seine Stärken und Schwächen!
- Erwachsene lernen hier sehr viel von Kindern!
- Wertschätzung vorleben
- Miteinander reden ist wichtig!
- …

Wie wir dieses Ziel umsetzen?

- „Ich bin einmalig!!!" / „Ich bin gewollt!!!" / „Ich bin gut so, wie ich bin!!!"
- Wir wollen Erwachsene sein, die die Kinder lieben und annehmen.
- Stärken benennen
- Lob / Motivation zusprechen
- lernen bewusst machen („Als Baby konnte ich das nicht, aber ich habe geübt und jetzt kann ich…"
- Erzieher wollen authentisches Vorbild sein – auch Schwächen zugeben, Fehler einräumen, sich (auch bei Kindern) entschuldigen
- „Ich habe auch Schwächen." (Dennoch kann ich in diesen Bereichen tätig sein und sogar besser werden.)
- über Idole / Vorbilder sprechen, „falsche" Idole aufdecken
- Verschiedenheit sehen, ansprechen und davon profitieren
- Empathie füreinander anregen, fördern, leben
- Respekt untereinander
- sich und anderen vergeben (nicht nachtragend sein)
- miteinander lachen
- Andere wichtig nehmen
- sich gegenseitig einbeziehen, statt wetteifern und ausgrenzen
- Spiegel in den Gruppenräumen
- Kinder entdecken wie sie aussehen
- biblische Geschichten z.B. Der verlorene Sohn
- Selbstannahme und Fremdannahme müssen geübt werden! …auch schon das Üben ist lobenswert.
- Recht, sich etwas Gutes zu tun (gilt für alle: Kinder, Eltern, Erzieher, …!) z.B. Rückzug, Lieblingsspiel, Ausruhen, Kuscheln, Schlafen, etwas Leckeres essen, mal was Schönes unternehmen...
- Recht, anderen etwas Gutes zu tun (gilt auch für alle☺) z.B. nette Worte sagen, kleine Geschenke machen, massieren, Zeit miteinander verbringen, etwas Schweres abnehmen, Zuhören, …
- Beziehungen aufbauen
- in Kontakt sein … reden, berühren, kuscheln, balgen, Kräfte messen
- jedes Kind morgens einzeln begrüßen
- …

Demokratie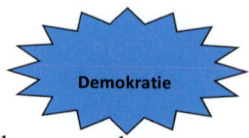

Unser Ziel ist es, fair und demokratisch miteinander umzugehen.

Gedanken zu diesem Ziel:

- Gleichberechtigung
- jeden hören und ernst nehmen
- Die Freiheit des Einen hört auf, wo die Freiheit des Anderen verletzt wird.
- Regeln gelten für jeden gleich
- „Demokratie ist nicht nur eine Staatsform, sondern auch eine Lebensform."
- Demokratie kann erlernt werden
- Vertrauen und Verantwortung
- heißt: Verantwortung auch für Konsequenzen
- ...

Wie wir dieses Ziel umsetzen?

- Entscheidungsfreiheit in wichtigen und kleinen Dingen: z.B. Möchte ich mit beten? Was spiele ich heute?
- „Was will das Kind?" z.B. bei Frage, was zum Geburtstag mitgebracht werden soll
- einander auf Augenhöhe begegnen
- respektvoller Umgang miteinander
- respektvolle Gesprächskultur
- wählen dürfen
- Kinder bestimmen mit
- Diskussionen sind möglich
- Regeln gelten für alle gleich
- Regeln werden eingeübt
- Regeln aushandeln (sind nicht immer starr)
- das Für und Wider betrachten
- Kinder dürfen Meinung sagen
- die Meinung anderer hören, stehen lassen (ohne diese „schlecht zu machen")
- Kompromisse finden
- Kinder dürfen sich auch beschweren
- einander zu Wort kommen lassen z.B. im Morgenkreis, bei Konflikten
- Wünsche äußern z.B. für Projekte
- Ideen umsetzen
- die Mehrheit entscheidet z.B. „Gehen wir auf die Wiese oder in den Wald?"
- Kinder finden allein gerechte Lösungen, z.B. bei Streit (teilweise mit Anleitung und Moderation)
- Kinder gestalten selbst Alltag und stimmen sich dabei mit anderen (Kinder + Erzieher) ab
- einbringen
- Verantwortung füreinander übernehmen
- Kinder gestalten mit z.B. Bilder aufhängen, Wände bemalen, ...
- Kinder laden z.B. zum Geburtstag ein und bestimmen, wer ihr Freund ist
- ...

6 Bedeutung von Spiel und Bildung

Spiel und Bildung, das gehört zusammen, vor allem für Kinder!
Kinder lernend spielend. Bildung gelingt vor allem bei jungen Kindern nur,
wenn sie spielerisch geschieht.

Wir stellen uns selbst Fragen zu diesem Thema und suchen Antworten, die von
Fachwissen gestützt sind und zu uns passen.

Was ist das Spiel für das Kind?

Eines der Grundbedürfnisse des Kindes ist das Spiel. Es ist „lebens-
notwendig", denn Spiel ist „Lernen fürs Leben".
Im Spiel findet ein Kind einen Zugang zur Welt und erlebt die großen
Zusammenhänge in ihr. Es ahmt spielend Erwachsene, andere Kinder und Tiere
nach. Es wiederholt und ist in seinem „Üben" unermüdlich. Im Rollenspiel
bringt das Kind das Erlebte in seine Welt. Damit es die Komplexität der Welt
und der sozialen Zusammenhänge verarbeiten kann, braucht das Kind das Spiel.
Für eine gesunde seelische Entwicklung ist das Spiel also eine Notwendigkeit.
Hier wird die Verarbeitung schöner und verunsichernder Erlebnisse möglich.
Hierin wird die Kindheit geprägt.
Kinder leben sich selbst in ihrem Spiel aus, entdecken sich selbst mit ihren
Fähigkeiten und Fertigkeiten, mit dem, was sie mögen, was ihnen Freude
macht. Hierbei erleben sie Selbstbestätigung. Individuelle Entwicklung wird
selbstverständlich.
Kinder haben beim Spielen keinen Zeitgedanken. Sie verfolgen kein
bestimmtes Ziel und dennoch ist das Spiel für das Kind selbst immer sinnvoll
und sinnstiftend. Sie handeln selbstbestimmt und begreifen ganzheitlich ihre
Welt.

Wie ist Spiel? Welche Eigenschaften hat es?

Spiel ist …

☺ aktiv	☺ kurzweilig	☺ sinnlich
☺ anstrengend	☺ kreativ	☺ sinnvoll
☺ ausgleichend	☺ lernfördernd	☺ sozial
☺ befreiend	☺ lustbetont	☺ spaßig
☺ entspannend	☺ lustvoll	☺ strukturiert
☺ freiwillig	☺ phantasieanregend	☺ unstrukturiert
☺ forschend	☺ phantasievoll	☺ verarbeitend
☺ ganzheitlich	☺ prägend	☺ verbindend
☺ kommunikativ	☺ Rolle gebend	☺ von innenheraus
☺ konzentriert	☺ sinngebend	☺ zweckfrei
		☺ …

Damit das Spiel so sein kann, müssen bestimmte Bedingungen erfüllt sein.

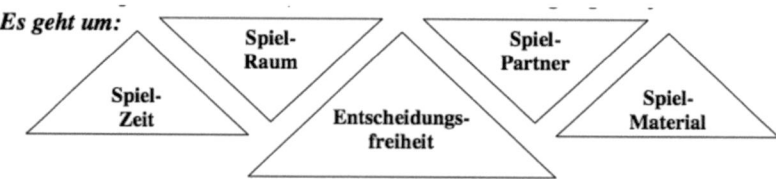

Wie stehen wir zu diesen Bedingungen? Wie werden sie bei uns umgesetzt?

Entscheidungsfreiheit

Entscheidungsfreiheit im Spiel ist innerhalb eines abgesteckten Rahmens möglich.

Dieser Rahmen variiert von Gruppe zu Gruppe. Äußere Bedingungen (z.B. der zur Verfügung stehende Raum), alltägliche Notwendigkeiten im Tagesablauf (z.B. Essenszeiten) sowie das Alter und der Entwicklungstand der Kinder bestimmen diesen Rahmen. Er ist in der Waldgruppe anders als in den Kindergartengruppen im Haus, er gestaltet sich in den Krippengruppen anders als im Hort.

Im freien Spiel hat jedes Kind Entscheidungsfreiheit in der Wahl seines Spielpartners und des Materials. Spielinhalt und die Länge einzelner Spielhandlungen ist ebenfalls frei wählbar. Die Kinder entscheiden selbst ob sie spielen oder sich z.B. zurückziehen wollen.

Spiel-Zeit

Kinder brauchen ausreichend Zeit zum Spielen, um sich selbstbestimmt mit den Dingen der Welt auseinander setzen zu können.

Im Tagesablauf sind immer wieder Phasen für das freie Spiel vorgesehen. Innerhalb dieser Phasen sollen auch länger dauernde Spiele möglich sein.

Kinder brauchen Zeit in ihr Spiel zu finden. Zeiten zwischen zwei Angeboten werden ebenfalls zum Spielen genutzt. Parallel zu den Freispielphasen kann es durch den Erzieher angeleitete Spielangebote geben (z.B. um neue Inhalte mit einzubeziehen oder neue Spiele / Materialien einzuführen).

Die Spielzeiten sind durch einzelne Punkte im Tagesablauf begrenzt (z.B. Mittagessen und Ruhezeit). Innerhalb der Spielzeiten sollte es jedoch möglichst wenige Unterbrechungen der kindlichen Spieltätigkeiten durch äußere Einflüsse geben. Die Kinder sollen ihr Spiel in vollen Zügen auskosten können!

Spiel-Raum

Wir arbeiten in Gruppenstrukturen, wobei jede Gruppe einen eigenen Gruppenraum hat. Die Waldgruppe nutzt neben ihrem Waldwagen und der Festwiese die Naturräume der Umgebung. Die Vorschul- und Schulkinder im Entdeckerland nutzen gemeinsam mehrere Räume auf zwei Ebenen.

Die einzelnen Gruppenräume sind mit verschiedenen Funktionsecken eingerichtet (z.B. Bau-, Puppen-, Bastel-, Lese-, Ruheecke). Die Funktionsecken und die gesamten Räume sind altersgerecht und spielanregend eingerichtet und gestaltet, damit die Kinder täglich zu vielfältigen Aktivitäten angeregt werden. Dies gelingt u.a. auch durch unterschiedliche Ebenen.
In jedem Raum gibt es daneben auch Rückzugsmöglichkeiten, die zu ruhigen Spielen und Pausen einladen.
Es ist selbstverständlich, dass sich die Kinder in einem geschützten Rahmen und in einen angenehmen Raumklima befinden.
Auch der Garten bietet den Kindern unterschiedliche Ebenen und Strukturen, die ihnen neue Erlebnisse bieten und zu unterschiedlichsten Spielen einladen.

Spiel-Partner

Die Wahl des Spielpartners ist frei. Sie ist dabei alters-, entwicklungs- sowie interessenabhängig. Die Möglichkeit, den / die Spielpartner zu wechseln, ist genauso wichtig wie das Recht allein zu spielen. Neben den Kindern einer Gruppe, die zumeist gleichalt sind, begegnen sich z.B. im Garten oder bei gemeinsamen Unternehmungen ältere und jüngere Kinder als Spielpartner.
Auch Erzieher und Praktikanten regen zu Spielen an bzw. lassen sich dazu einladen.
Im Spiel erwerben Kinder soziale Kompetenz. Zum einen erleben sie gemeinsam Freude, helfen sich gegenseitig, erfahren Bestätigung. Zum anderen erfahren sie wohl möglich Ablehnung anderer, müssen damit umgehen lernen oder erleben Konflikte, die sie selbst oder, wenn es nötig wird, mit Unterstützung und Anleitung lösen.

Spiel-Material

Nicht nur „Spielzeug" ist „Zeug zum Spielen". Verschiedenste Materialien können umfunktioniert werden und sind vielfältig einsetzbar. Naturmaterialien, echte Haushaltsutensilien, Werkezuge und Gartengeräte, Verpackungsmaterial, Stoffe, etc. können zu wertvollen Spielzeugen werden. Dabei sollen unsere Spielmaterialien kreativitätsfördernd, anregend, möglichst ökologisch und ästhetisch sein. Es ist wichtig, dass das Material geeignet ist, die kindliche Entwicklung durch das Spiel zu fördern. Sie darf durch das Material nicht gehemmt oder verhindert werden (z.B. bei elektronischen Spielzeugen). Ungeeignet ist auch Material, dass im Spiel zu Schlüssen führt, die nicht mit unseren pädagogischen Zielen vereinbar sind (z.B. Waffen oder Hexenbesen) oder die für die Kinder gefährlich werden können (z.B. spitze Gegenstände). In den Gruppenräumen und im Außengelände haben die Kinder – nach sorgfältiger Auswahl – freien Zugang zu den Materialien.

Um den Kindern Sorgfalt und Wert nahezubringen und um sie vor Reizüberflutung zu schützen, wollen wir unsere Gruppenräume nicht mit Spielzeug überfrachten, sondern es den Kindern gezielt anbieten.

Was bedeutet „Bildung im Kindergarten"?

Bildung bedeutet, sich ein eigenes Bild von der Welt zu machen. Kinder tun dies aktiv von Geburt an und auch schon im Mutterleib. Sie sind mit ihrem Gehirn und ihren Sinnen bestens dafür ausgestattet. Zudem besitzen sie eine faszinierende Eigenmotivation, sich mit dieser Welt auseinanderzusetzen und sich Kompetenzen anzueignen.

Damit Kinder ihre Fähigkeiten, sich zu bilden, einsetzen und entwickeln können, brauchen sie Gelegenheiten dazu. In ihrer Umwelt, auch in ihrer sozialen Umwelt, müssen sie Möglichkeiten vorfinden, sich in eine aktive Auseinandersetzung hineinzugeben. Entspricht der Bildungsprozess dabei den kindlichen Bedürfnissen nach Sinn, Ganzheitlichkeit und Sicherheit, treibt die natürliche Neugierde den eigenaktiven Bildungsprozess voran und findet vielfältige Ausdrucksweisen in diesem wechselseitigen Austauschprozess.

Kinder sind heute einen Großteil des Tages in Kindertageseinrichtungen. Daher kommt der „Bildung im Kindergarten" eine wichtige Bedeutung zu. Es geht vor allem darum, vielfältige Bildungsmöglichkeiten zu schaffen, die die kindliche Neugierde aufgreifen, den Erfahrungshorizont erweitern und zur aktiven Auseinandersetzung mit dem Vorgefundenen anregen.

Um dies erreichen zu können, müssen die Themen und Interessen der Kinder bedient werden. Weiterhin ist eine Orientierung am Alter und Entwicklungsstand, an den Fähigkeiten der Kinder, an ihrer Lebenssituation und ihren Bedürfnissen notwendig. Grundlage dafür ist eine genaue Beobachtung und Dokumentation sowie eine sorgfältige Planung und zielgerichtete Umsetzung pädagogischer Angebote nötig.

Der Erzieher schafft als Entwicklungsbegleiter Möglichkeiten, damit sich das einzelne Kind bilden kann.

7   Bildungsbereiche

Die „Grundsätze elementarer Bildung in Einrichtungen der Kindertagesbetreuung im Land Brandenburg" mit ihren sechs herausgestellten Bildungsbereichen sind uns eine wichtige Arbeitsgrundlage.

Es ist uns bewusst, dass es sich hierbei nicht um tatsächlich abgrenzbare Bereiche handelt oder gar um Schulfächer. Auch sind sie in ihrer Bedeutung und Wichtigkeit nicht in eine besondere Reihenfolge zu bringen.
Der Alltag und die Welt der Kinder sind komplex. Die identifizierten Bildungsbereiche fließen sehr weit ineinander, bedienen und bedingen sich gegenseitig.

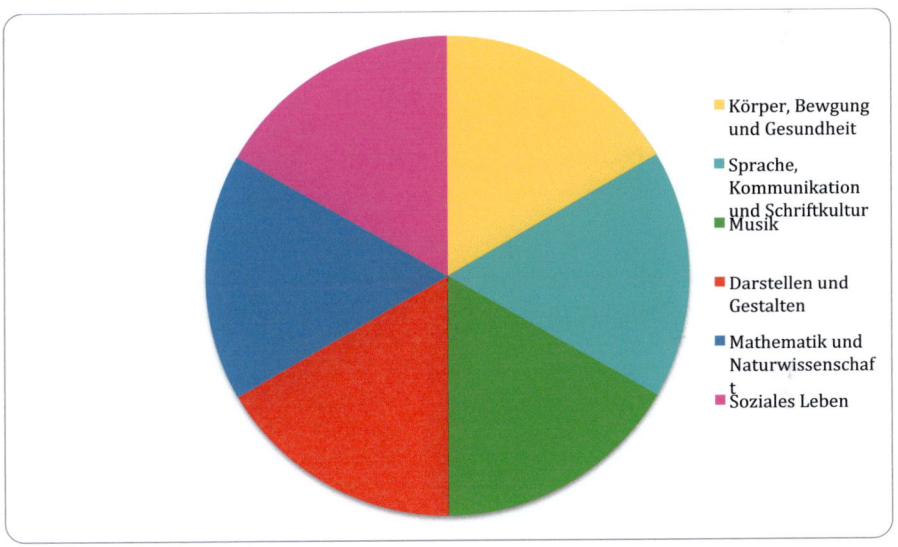

In der ganzheitlichen und bewussten Verbindung von Bildungsbereichen sehen wir die Möglichkeit dem kindlichen Lernen zu entsprechen.
Damit wird eine hohe Qualität in den Bildungsangeboten ermöglicht.

Durch das theoretische Abgrenzen der Bildungsbereiche eröffnen sich Perspektiven und Chancen, die es zur Unterstützung kindlicher Bildungsprozesse einzunehmen bzw. zu nutzen gilt:

- bestimmte Besonderheiten des jeweiligen Bildungsbereiches werden deutlich
- eine gezielte Auseinandersetzung mit den Inhalten und Zielen des jeweiligen Bildungsbereiches wird für die einzelne Fachkraft, aber auch für das Team der am Bildungsprozessbeteiligten möglich
- der gezielte Erfahrungsaustausch zwischen Fachkräften wird ermöglicht und es können gegenseitig Anregungen gegeben werden
- das pädagogische Konzept wird durch die Aufgliederung weiter gestützt und entsprechend der pädagogischen Zielsetzungen der Einrichtung und der Gaben und Fähigkeiten der Mitarbeiter ausgefüllt
- Bildungsbereiche unterstützen die Beobachtung und helfen bei fachlichen Einschätzungen z.b. zur Entwicklung einzelner Kinder, aber auch der gesamten Kindergruppe
- die Planung, Dokumentation und Reflexion von pädagogischen Angeboten können anhand der Bildungsbereiche strukturiert werden
- es bietet sich eine einfache Möglichkeit die eigenen Angebote und die ihnen innewohnende Qualität zu prüfen und zu erkennen inwiefern Angebote in den jeweiligen Bildungsbereichen allen Jungen und Mädchen in geeigneter Weise unterstützend und lernanregend eröffnet werden.

Im Folgenden werden wir beschreiben, was uns in Hinblick auf die Bildungsbereiche wichtig ist. Wie wir sie mit unseren Kindergruppen lebendig machen, zeigen wir anhand einer Sammlung von Verben.

7.1 Körper, Bewegung und Gesundheit

Körper, Bewegung und Gesundheit

Einige Gedanken zum Thema:

- Das Kind eignet sich die Welt über Bewegungs- und Körpererfahrungen an. Es probiert aus, erweitert eigene Grenzen, hat Lust, unbekanntes zu entdecken und ist dazu bereit Risiken einzugehen.
- „Bewegung ist eine elementare Form des Denkens." (Gerd E. Schäfer)
- Gesundheitserziehung umfasst vielseitige Bewegungsanregungen, gesunde Ernährung, ein Bewusstsein von einer gesunden Umwelt, …
- Die motorische Entwicklung ist Voraussetzung für die intellektuelle, soziale und sprachliche Entwicklung. Bewegung und Wahrnehmung sind in den ersten zwei Lebensjahren immer wichtig für die Gehirnentwicklung – Psychomotorik
- Das Kind braucht eine anregende Umgebung, die zu verschiedenen Bewegungsformen einlädt (klettern, wippen, schaukeln, springen, …) – sowohl im Gruppenraum als auch im Außengelände.
- Das Kind profitiert von Angeboten, z.B. Bewegungsbaustelle, Spiele, Spaziergänge.
- Regelmäßige Beobachtungen sind nötig, um das einzelne Kind individuell zu fördern. „Stärken stärken, Schwächen schwächen."
- Es ist nötig, dass sich Erzieher weiterbilden, sich selbst reflektieren, dass sie offen sind, Räume zu verändern / zu gestalten, sich auf Neues einzulassen, neue Angebote gestalten.

Einige Verben, die uns zu diesem Bereich einfallen (z.B. was wir schon gemacht haben, regelmäßig tun oder uns vornehmen):

balancieren, essen, fühlen, genießen, hüpfen, klettern, krabbeln, kriechen, laufen, massieren, messen, pflegen, rennen, riechen, robben, schmecken, sehen, springen, spüren, stehen, tasten, trainieren, trinken, wahrnehmen, wandern, waschen, …

Das bieten wir zum Beispiel an:

- Grobmotorik: regelmäßige Bewegungsstunden in der Turnhalle, Freispiel im Garten (Fahrzeuge, Klettergerüst, Schaukel, Wippe, verschiedene Balanciermöglichkeiten, etc.), …
- Feinmotorik: stapeln, fädeln, stecken, malen, schneiden, kleben, reißen, selbstständiges Auftun des Mittagessen, Getränke gießen, …
- Gesundheitserziehung / Gesundheitsbewusstsein: täglich Obst und Gemüse, Körperhygiene (z.T. unterstützt und begleitet), Projekte wie „Obst und Gemüse", „Wo kommt das Wasser her und ist es irgendwann alle?", „Leben Bäume und warum stinken Autos?", …
- Körper: Projekte wie „Das bin ich!" (von Benennen von Körperteilen bis hin zu meiner Entwicklung in Bilder, Messen und Wiegen), „Meine Sinne", „Junge – Mädchen – Unterschiede", …

7.2 Sprache, Kommunikation und Schriftkultur

Sprache, Kommunikation und Schriftkultur
Einige Gedanken zum Thema:

- Die sprachliche Entwicklung ist von Kind zu Kind verschieden.
- Kinder unterscheiden schnell zwischen sprachlichen und nichtsprachlichen Lauten.
- Kinder haben Freude an Sprache und Kommunikation. Es ist sogar ein Grundbedürfnis.
- Die ersten drei Lebensjahre sind für die eigene Sprachentwicklung sehr wichtig. Hier geschieht ein enormer Zuwachs im Wortschatz und in der Satzbildung.
- Nach und nach entdecken Kinder die Symbolfunktion der Sprache. So entdeckt ein Kind ab Kindergartenalter, dass man über etwas sprechen kann, was in diesem Moment nicht da ist. Im Vorschulalter ist das Interesse an Zeichen und Symbolen geweckt. Sie können nun verstehen, dass Sprache mit Zeichen und Symbolen abgebildet werden kann. Dies ist dann auch die Grundlage für das Lesen- und Schreibenlernen.
- Kinder begleiten eigene Aktivitäten und die anderer sprachlich. Sie beginnen sich mit Worten auszudrücken und auszutauschen. Unterhaltungen werden möglich.
- Sprache, Kommunikation und Schriftkultur ermöglichen einen weiteren Zugang zur Welt. Verständigung mit anderen wird möglich. Eine Möglichkeit zur gesellschaftlichen Beteiligung wird ermöglicht. Alltag und Umwelt können aktiv gestaltet werden.
- Kulturtechniken prägen und verbinden.
- Beobachtung und Dokumentation ist in diesem Bildungsbereich sehr wichtig. Eventuell notwendige Förderangebote sollen Kindern frühzeitig ermöglicht werden. Die sprachliche Förderung aller Kinder ist ein wichtiges Anliegen.
- Der Sprachstand der Vorschulkinder wird von zu diesem Zwecke qualifiziertem Personal erfasst („KISTE") und das Förderprogramm wird umgesetzt. Die Zusammenarbeit mit den Eltern ist sehr wichtg.
- Sprachförderung findet immer statt… in allen alltäglichen sozialen Situationen und in besonderen pädagogischen Angeboten.
- Sprachproduktionen der Kinder werden wertgeschätzt, ggf. dokumentiert und gesammelt.
- Der Erzieher ist ein Sprach- und Kommunikationsvorbild. Das eigene Sprachverhalten muss (kritisch) reflektiert werden.
- Kinder sollen direkt und individuell angesprochen werden. Die nonverbale Sprache muss stimmig sein zum Inhalt und in die Situation passen.
- Auch Sprache und Schrift sollten im Gruppenraum präsent sein. Materialien hierzu sollen unterstützend und herausfordernd sein. Spiele, Materialien, Bilder, etc. sollten immer anregen, sich darüber zu unterhalten.

Einige Verben, die uns zu diesem Bereich einfallen
(z.B. was wir schon gemacht haben, regelmäßig tun und uns vornehmen):

austauschen, buchstabieren, dichten, diskutieren, erklären, erzählen, flüstern, Fremdsprachen wahrnehmen, fühlen, Gegensätze erfassen, Geschichten erzählen, lachen, lallen, lauschen, lesen, malen, raten, reden, reimen, rufen, schreiben, schreien, Schriftarten erkennen, sprechen, tastaturschreiben, vorlesen, wiedergeben, wiederholen, zuhören, ...

Das bieten wir zum Beispiel an:

- Beschriftung der Regale, ABC-Tafeln, Namenskärtchen und –schilder
- Sprachspiele, Fingerspiele, Kniereiter, Reime, Rätsel, Lieder, Gedichte, Witze
- Englisch-Spielkurs
- Rollenspiele, Theater
- Kinderkonferenzen, Morgenkreis, Kinderpost
- Sandtablett, Tafeln, Kreide für den Hof, Kleisterbilder
- Bilder- und Bilderbuchbetrachtungen, Vorlesen
- Einsatz von Medien (z.B. Hörspiele, Zeitungen, Bücher, PC / Tastatur)
- viel Zeit miteinander zu sprechen, gemeinsam singen, Tischgespräche.

7.3 Musik

Musik
Einige Gedanken zum Thema:

- Musik wird schon im Mutterleib wahrgenommen. Auch die rhythmischen Geräusche der Mutter selbst (z.B. Schwingungen, Magen, Herzschlag) stellen eine Art Musik dar.
- Kinder erkennen die Stimme der Mutter und reagieren darauf. Genauso reagieren sie von sich aus auf Musik, vor allem mögen sie solche Musik, die sie bereits kennen.
- Musik wirkt ganzheitlich. Sie spricht den Menschen in seinem Fühlen, Denken und Handeln an.
- Musik schafft Vertrautheit, Sicherheit und kann das Selbstvertrauen stärken.
- Musik kann durch Bewegungen begleitet werden, was dem kindlichen Bedürfnis nach Ganzheitlichkeit besonders entspricht. Jüngere Kinder konzentrieren sich häufig zunächst auf die Bewegungen. Erst nach und nach lernen sie das eigene Singen und die Bewegungen zu verbinden und aufeinander abzustimmen.
- Gemeinsam zu musizieren, verbindet und macht Freude.

- Schon jüngere Kinder können an einfache Klänge und Rhythmen herangeführt werden (z.B. durch Rasseleier, Klanghölzer). Im Kindergartenalter kann das Spektrum der Instrumente erweitert werden. Ein differenziertes Kennenlernen von Instrumenten ist möglich. Erste Versuche, komplexe Instrumente selbst zu spielen, können unternommen werden.
- Instrumente können aus verschiedenste Materialien selbst hergestellt werden. Alltagsgegenstände sowie Bastel- und Recyclingmaterial eignen sich dafür.
- In Morgenkreisen und im freien Spiel sollte der Umgang mit Instrumenten angeboten werden. Dabei können die Kinder die Fülle der Möglichkeiten selbst erforschen.

Einige Verben, die uns zu diesem Bereich einfallen (z.B. was wir schon gemacht haben, regelmäßig tun und uns vornehmen):

ausprobieren, brummen, fühlen, genießen, hören, Kamm blasen, klatschen, klopfen, komponieren, lallen, lauschen, machen, malen, musizieren, patschen, pfeifen, rasseln, reimen, singen, spielen, sprechen, spüren, tanzen, trällern, trommeln, vorsingen, wippen, zupfen, ...

Das bieten wir zum Beispiel an:

- Instrumente in jedem Gruppenraum, die den Kindern frei und in Angeboten zugänglich sind
- Musikalische Früherziehung
- Musikgruppe

- Instrumente selber basteln, Musik mit Alltagsgegenständen
- Klanggeschichten
- Vogelgezwitscher, Blätterrauschen und andere Naturgeräusche bewusst hören
- mit Tönen jeglicher Art experimentieren
- Instrumente vorstellen z.b. in Projekten und in Zusammenarbeit mit Eltern, die diese Instrumente beherrschen
- Besuch von Konzerten
- kleine und große Auftritte (z.b. „Bunte Stunde" im Krankenhaus, Herbstgala, Sommerfest)
- singen, singen, singen
- trommeln
- Musik hören
- tanzen

7.4 Darstellen und Gestalten

Darstellen und Gestalten

Einige Gedanken zum Thema:

• Es ist ein Grundbedürfnis, sich auszudrücken.
• Kinder erschließen sich die Welt durch ausführliches Erkunden. Kreative Betätigungen tragen zur Auseinandersetzung mit der Welt bei und bewirken ein tiefes „Verstehen" und „Begreifen". (Es geht also um die Wahrnehmung der Umwelten und die Bearbeitung von Reizen.)
• Kinder beschreiten dabei eigene Wege und greifen zu unterschiedlichsten Mitteln, Medien und Materialien.
• Kinder brauchen Raum und Zeit für Kreativität. Manchmal brauchen sie auch eine Bühne.
• Prozesse und Ergebnisse sind wertfrei zu betrachten. Auf wertende Vergleiche und Beurteilungen sollte verzichtet werden.
• Aufgabe des Erziehers ist es, die Auseinandersetzung mit der Welt und das „Bearbeiten" des Wahrgenommenen zu ermöglichen und zu fördern. Dazu bedarf es Anregung, Unterstützung und Begleitung.
• Jedes einzelne Kind ist zu fördern. („Wo liegen die individuellen Fähigkeiten?)
• Grundlage bilden regelmäßige Beobachtungen zu jedem Kind und jeden Bildungsbereich.
• Fach- und Methodenwissen des Erziehers soll regelmäßig weiter entwickelt werden.
• Räume sind entsprechend zu gestalten, Materialien entsprechend bereitzustellen.

Einige Verben, die uns zu diesem Bereich einfallen (z.B. was wir schon gemacht haben, regelmäßig tun und uns vornehmen):

anmalen, aufsagen, ausmalen, basteln, betrachten, dichten, drucken, falten, formen, häkeln, improvisieren, klatschen, kleben, kreieren, kritzeln, malen, matschen, nähen, pantomimisch darstellen, reißen, schneiden, schnitzen, singen, spielen, tanzen, Theater spielen, töpfern, trennen, trommeln, verkleiden, vortragen, ...

Das bieten wir zum Beispiel an:

• frei zugängliche Materialien wie Stifte, Papiere, Scheren, Kleber, Stanzer, Stempel, Korken, Eisstiele, Wolle, Schnüre, …, Naturmaterialien wie Sand, Muscheln, Zapfen, …, Stoffe, Tücher, Verkleidungsstücke, Decken, Kissen, Kartons, …
• Holzwerkstatt
• Theaterprojekt für alle Gruppen
• Kindertanz und freies Tanzen
• Vorführungen (z.B. Herbstgala, Sommerfest, Bunte Stunde)
• Stehgreiftheater
• Puppentheater, Bibelpuppen, …
• Fingerspiele

7.5 Mathematik und Naturwissenschaft

Mathematik und Naturwissenschaft

Einige Gedanken zum Thema:

- Kinder sind neugierig auf ihre Umwelt. Sie wollen alles, was sie in ihrer Umgebung sehen und erleben, erforschen, verstehen und damit umgehen.
- Das Interesse der Kinder gilt der Natur und Naturphänomene, den Elementen (Feuer, Wasser, Erde, Luft), Mengen, Größen, Räume. Sie lieben es, Erfahrungen mit der Physik (z.B. Schwerkraft, Fliehkraft), der Biologie (z.B. Tierpflege, der menschliche Körper, Säen und Ernten) und der Chemie (z.B. Backen, Sprudelgase machen).
- Der Erzieher ist kein „Besserwisser", kein Lehrer, der dem Kind alles „beibringt". Er ist vielmehr ein Lernbegleiter.
- Der Erzieher soll zunächst beobachten. Die Themen der Kinder und ihre Interessen werden aufgegriffen. Die Kinder werden in ihrem Erforschen unterstützt, ihre Neugierde kann weiter geweckt werden.
- Freies Spielen ermöglicht es Kindern, eigenständig vielfältigste Erfahrungen zu sammeln. Es braucht ausreichende Berücksichtigung im Alltag.
- Es ist wichtig, Räume und Außengelände anregend und auffordernd zu gestalten, auch in der Materialauswahl. Hier sollen auch mathematische und naturwissenschaftliche Erfahrungen ermöglicht werden.
- „Lernlandschaften" und „Lerngärten" bieten vielfältige Anregung.

Einige Verben, die uns zu diesem Bereich einfallen (z.B. was wir schon gemacht haben, regelmäßig tun und uns vornehmen):

abwiegen, analysieren, aneinanderreihen, ausprobieren, beobachten, bewegen, denken, dividieren, entdecken, experimentieren, formen, forschen, fühlen, gießen, messen, multiplizieren, rechnen, schätzen, schreiben, sehen, sortieren, zählen, ...

Das bieten wir zum Beispiel an:

- natürlicher und selbstverständlicher Umgang mit den Elementen (z.B. Lagerfeuer machen, Was schwimmt?, Wasserspiele und -experimente, Matschen, Flieger bauen)
- Experimente zu den Elementen sowie zu Magnetismus, Sprudelgasen, verschiedene Materialien wie Holz oder Zeitung
- Forscherwochen, Forscherdiplome (Wir sind „Haus der kleinen Forscher")
- Zahlenschilder, Uhren, Tafeln, Sandtafeln, Messlatten, Waagen, Thermometer, Formen, ...
- Montessori-Material
- Bewegungsräume (Bewegungslandschaften, Rotation, Kreisel, Wippe, Kletterwand und Klettergerüst, Schaukel, ...)
- Schulwochen bei den Vorschulkindern
- Besuche in Museen und Ausstellungen.

7.6 Soziales Leben

Soziales Leben

Einige Gedanken zum Thema:

- Ein Kind braucht soziale Bindungen. Zuerst wird diese zu einer engen Bezugsperson, meistens zur Mutter, geknüpft.
- Das Verständnis von „ICH" und „WIR" entwickelt sich allmählich. Dazu müssen eigene Gefühle, Bedürfnisse, Interessen und Wünsche entdeckt und wahrgenommen werden. Diese werden dann später mit denen anderer Personen verglichen. Gemeinsamkeiten und Unterschiede werden festgestellt. Für Differenzen müssen Lösungen geschaffen werden.
- Eigensinn und Gemeinsinn werden entwickelt und müssen im Alltag in Einklang gebracht werden. Dies ist auch Voraussetzung für das Erlernen von Demokratie.
- Der vorurteilsfreie Umgang mit anderen ist wichtig. Das basiert für uns vor allem auf dem Wissen, dass jedes Kind ein geliebtes Geschöpf Gottes ist.
- Regeln geben Sicherheit und Orientierung. Konventionelle Regeln können verhandelt werden. Moralische Regeln sind nicht verhandelbar und gelten für alle gleich.
- Die soziale Kompetenz ist vom Erzieher zu beobachten und zu dokumentieren.
- Pädagogische Angebote beinhalten immer auch eine soziale Komponente und sollten geeignet sein, dem Kind Erfahrungen im sozialen Leben zu ermöglichen.
- Der Erzieher achtet den Eigen- und Gemeinsinn des Kindes / der Kinder.
- Der Erzieher ist Entwicklungsbegleiter und Vermittler, er ist kein Richter.
- Der Erzieher ist auch Vorbild in sozialen Situationen. Er sollte sein eigenes Verhalten gegenüber anderen und vor allem auch gegenüber den Kindern reflektieren. Um eigene Werte, Normen und moralische Vorstellungen zu reflektieren, ist ein kollegialer Austausch darüber sinnvoll.
- Material- und Raumausstattung sind dazu geeignet das einzelne Kind in seiner sozialen Kompetenz zu fördern.

Einige Verben, die uns zu diesem Bereich einfallen:

abgeben, aufräumen, backen, beobachten, berühren, beten, drücken, geben, helfen, hören, kochen, kommunizieren, kuscheln, lieben, mitfühlen, reden, Rücksicht nehmen, saubermachen, sich gegenseitig wahrnehmen, schenken, singen, spielen, sprechen, , streiten, tanzen, teilen, treffen, verhandeln, versöhnen, vertragen, verzeihen, zuhören, ...

Das bieten wir zum Beispiel an:

- Besprechen / Festlegen von Regeln und Grenzen (Gruppenregeln)
- behutsame Eingewöhnung, wobei im Focus sowohl das „neue Kind" als auch die Gruppenstruktur steht
- Theater spielen, Rollenspielzubehör (nicht nur traditionelle Rollen), Tücher, Stoffe
- Eigentumsfächer, Rückzugsbereiche
- Projekte z.B. „Meine Familie" (Familienbilder im Gruppenraum), Berufe
- Ausflüge z.B. Krankenhaus, wo andere Rollenanforderungen an die Kinder gestellt werden
- biblische Geschichten, Bilderbücher, etc.

8 Besondere Aspekte unserer pädagogischen Arbeit

Unsere pädagogische Arbeit ist durch besondere Aspekte geprägt.
Diese werden wir im Folgenden ausführlich beschreiben.

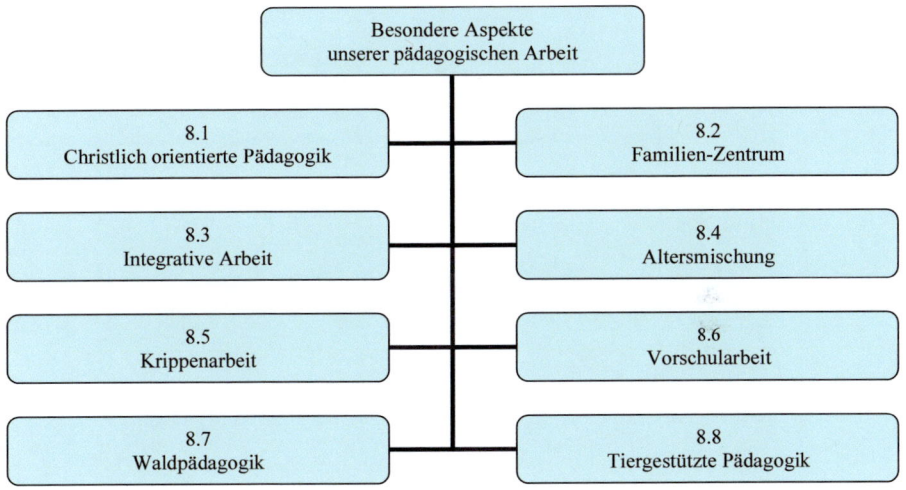

8.1 Christlich orientierte Pädagogik

Unsere pädagogische Arbeit ist bestimmt von der christlichen
Grundorientierung. Wie bereits beschrieben, sehen wir jedes Kind als geliebtes
Geschöpf Gottes. Es ist wertvoll und einzigartig.
Wir legen Wert auf eine ganzheitliche Werteerziehung und auf Vermittlung von
Ausdrucksformen des christlichen Glaubens.

Um darzustellen, wie wir christlichen Glauben im Alltag einer
Kindertagesstätte und eines Familien-Zentrums leben, haben wir ein Bild
gezeichnet, dessen Elemente wir im Folgenden näher beschreiben.

Der gute Boden – Grundlagen

Gelebtes Christsein

Wir leben unser Christsein authentisch.
Bei der Einstellung neuer Mitarbeiter legen wir Wert auf einen bekennenden
Glauben zu Jesus Christus.

Das Kind und dessen Familie

Wir sehen Kinder als von Gott geliebt, gewollt, erschaffen und behütet. Daher
begegnen wir jedem einzelnen Kind als einzigartige und wertvolle
Persönlichkeit mit ihren individuellen Stärken und Schwächen.
Eltern sind die Experten ihrer Kinder und damit unsere wichtigsten Partner.
Wir sehen unsere Aufgabe darin Eltern und Kinder in ihrer Beziehung zu
stärken und zu unterstützen. Daher legen wir Wert darauf, unsere Beziehung zu
Kindern und Eltern als Grundlage unseres Handels positiv zu gestalten.

Sonne und Regen – damit es gut wachsen kann

Gottes Segen und Unterstützung durch Gebet

Wir wissen uns bei allem Einsatz und aller Arbeit unter dem Schutz und dem Segen Gottes.

Wir sind dankbar, dass es Menschen gibt, die für uns persönlich, unsere Arbeit, die Kinder und Eltern beten. Diese Unterstützung ist für uns Christen wichtig, sehr bereichernd und ermutigend.

Unterstützung durch ehrenamtliches Engagement

Die Arbeit unserer Kita und des Familien-Zentrums wird nur durch ehrenamtliches Engagement vervollständigt.

Der „Vorstand" unserer Einrichtung arbeitet ehrenamtlich. Eltern bringen sich im Rahmen ihrer Gaben und Möglichkeiten aktiv ein z.b. in der Kinderbibliothek, bei Garteneinsätzen, Gruppenaktivitäten und Projekten oder beim Flohmarkt. Auch die Mitarbeiter arbeiten oft über ihre Arbeitszeit hinaus, um die gemeinsamen Ziele umzusetzen. Über den Kitaalltag hinausreichende Aktivitäten, wie z.b. die Spielkreise und der Babytreff, werden im Rahmen unseres Familien-Zentrums durch ehrenamtliche Helfer unterstützt.

Bunte Blumen – Angebote zum christlichen Glauben

Christliche Kinderlieder

Im Alltag singen wir mit den Kindern neben traditionellen und neuen Kinderliedern oft Lieder mit christlichem Inhalt. Über die Lieder können die Kinder altersentsprechend von der Liebe Gottes hören. (z.b. „Gott hat die Welt gemacht", „Gottes Liebe ist so wunderbar", Martinslieder)

Tägliche Gebete und Tischgebet

Gebet ist „Reden mit Gott". Es ist uns in unserem Alltag wichtig und geschieht in unterschiedlicher Weise: gesungene Gebete am Morgen, Gebete mit Bewegungen (z.B. Vater Unser, Gott du bist innen); Fürbitte- und Segensgebete (z.B. für Kranke oder Reisende) im Morgenkreis, Tischgebet vor dem Essen und das „Mittagsgebet". Die Gebete suchen wir altersgerecht aus oder formulieren sie frei.

Biblische Geschichte und christliche Kinderbücher

Innerhalb des Wochenplanes hat jede Gruppe einen Morgenkreis, in dem auf kreative Weise biblische Geschichten kindgerecht vermittelt werden. Dazu werden verschiedene Mittel und Materialien verwandt, wie zum Beispiel Bilder, Gegenstände, Verkleidung, Bibelpuppen, Tücher oder Naturmaterialien. So können die Kinder mit in die Geschichten eintauchen.

Christliche Kinderbücher ergänzen die Kinderliteratur in allen Gruppenräumen. Sie greifen biblische Geschichten, Feste des Kirchenjahres oder Themen mit christlicher Werteprägung auf.

Team christlicher Mitarbeiter, Dienstberatungen

Alle Mitarbeiter des Erzieherteams, der Leitung und fast alle der weiteren Mitarbeiter sind Christen. Dabei sind unterschiedliche Konfessionen vertreten. Das Bekenntnis zu Jesus Christus eint uns. Wir leben in unserer Arbeit und darüber hinaus den christlichen Glauben vor und können Werte und Normen authentisch weitergeben.

Unsere wöchentlichen Dienstberatungen beginnen wir mit einem Gebet und einer kurzen Andacht. Alle Mitarbeiter werden einbezogen und bereiten sich mindestens einmal jährlich auf die Andacht vor und führen diese durch.

Christliche Werteerziehung

Viele Werte, die wir im Alltag und in besonderen Angeboten vermitteln, beziehen sich auf die Bibel als christliche Glaubensgrundlage. Wir leben diese Werte authentisch in der Gemeinschaft vor und veranschaulichen sie z.B. kreativ durch biblische Geschichten oder in Zusammenhang mit Festen wie Sankt Martin.

Orientierung am Kirchenjahr und christliche Feste

In unserer Jahresplanung orientieren wir uns an besondere Ereignisse (Einschulung, UNESCO-Kindertag), den Jahreszeiten (Sommerfest) und am Kirchenjahr. Wir nehmen Elemente des Kirchenjahres in unsere Raumgestaltung und in die Veranstaltungen (z.B. Gottesdienste, Veranstaltungen mit Eltern) auf.

Die Kinder lernen die Bedeutung christlicher Feste kennen. Der Sinn dieser Feste ist in der Gesellschaft verlorengegangen. Wir bringen den Kindern wieder den ursprünglichen Sinn nahe und üben eine Feierkultur ein.

Wir feiern Weihnachten, Ostern, Himmelfahrt, Pfingsten, Erntedank, Sankt Martin, Nikolaus, … Daneben nehmen wir auch besondere Ereignisse wie die Verabschiedung der künftigen Schulkinder und die Begrüßung im neuen Kitajahr mit auf. Wir verzichten bewusst auf Feste wie Halloween.

Kindergottesdienste

Das Erzieherteam gestaltet regelmäßig (etwa monatlich) einen Kindergottesdienst für alle Kinder unserer Einrichtung. Dazu nehmen wir christliche Feste und besondere Anlässe auf. Wir singen gemeinsam bekannte Lieder, es gibt kleine Rituale und wir hören und sehen z.B. eine kreativ umgesetzte biblische Geschichte. Die Kinder gestalten die Gottesdienste aktiv mit z.B. indem sie in der Geschichte mitwirken.

Folgende Kindergottesdienste feiern wir regelmäßig: Begrüßungsgottesdienst am Beginn des neuen Kita-Jahres, Erntedank, Sankt Martin, „Kerzenstunde" (in der Adventszeit), Nikolaus, Weihnachten, Besuch der Heiligen Drei Könige, Kita-Geburtstag, Ostern mit Ostergarten, Himmelfahrt, Pfingsten, Verabschiedung der künftigen Schulkinder vor den Sommerferien. Zu einigen dieser Anlässe laden wir auch die Eltern und Familien der Kinder sowie „Ehemalige" und alle Woltersdorfer ein. Zu Sankt Martin, Weihnachten und zum Kita-Geburtstag gestalten wir den Gottesdienst daher in der Woltersdorfer Kirche.

Gestaltung der Räume

In den Gruppenräumen sowie in Funktionsräumen und Fluren gibt es gestalterische Elemente, die für uns sichtbare Zeichen sind und uns in unserem Glauben bestärken. In jedem Gruppenraum ist ein freundlich gestaltetes Kreuz angebracht. Darüber hinaus sind z.B. Poster mit ermutigenden Worten, Bilder und Dekorationselemente zu finden. Dieses alles macht uns immer wieder deutlich, dass Kinder, Eltern und unsere Mitarbeiter in unserer Einrichtung bewusst unter dem Segen Gottes stehen.

Zäune – wichtig zu berücksichtigen

Fehler

Jeder Mensch macht Fehler. Wie geht man mit eigenen Fehlern um? Diese Frage ist zuerst zu stellen, bevor man fragt: Wie gehe ich mit den Fehlern anderer um?
Werden Fehler erkannt, kostet es oft Mut diese auch als Fehler anzuerkennen. Wir sind bemüht uns gegenseitig zu ermutigen eigene Fehler zu sehen. Im Gespräch mit einem Vertrauten kann dann nach den Hintergründen geschaut werden. Im Team wollen wir barmherzig miteinander umgehen.

In den Dienstberatungen gibt es die Möglichkeit, Dinge anzusprechen und im Austausch zu sein. Unsere Leitung hat ein offenes Ohr für die Mitarbeiter und hilft mit Fehlern umzugehen.
Vergebung ist für uns zentral. Auch Entschuldigen gehört dazu – bei Erwachsenen und Kindern.

Meinungs- und Religionsfreiheit

Wir sind eine christliche Einrichtung. Menschen aller Glaubensrichtungen sind herzlich willkommen. Wir erwarten jedoch Offenheit und Akzeptanz für unser gelebtes Christsein.
Wir verzichten auf moralisches Drängen und Zwang. Kinder und Eltern entscheiden selbst, ob und wie stark sie unsere christlichen Angebote nutzen.

Verzicht auf moralisches Drängen

Wir leben unseren christlichen Glauben in unserer Arbeit mit den uns anvertrauten Kindern. Wir verstehen dies als Angebot, das den Kindern Orientierung und Halt geben kann. Auf moralisches Drängen und Bewertungen (z.B. in gut und böse) wollen wir verzichten. Glaube darf kein Dogma sein. Stattdessen wollen wir empathisch auf das kindliche Verhalten und dessen Sicht auf die Dinge eingehen.

Unterscheidung von Glaubens- und Wissensfragen

Für manche Fragen findet man die Antwort in jedem Lexikon: Wissensfragen können leicht beantwortet werden.
Andere Fragen betreffen unseren Glauben. Die uns Mitarbeiter verbindende Grundlage unseres christlichen Glaubens ist die Bibel. Unsere Antworten sind nicht definitiv und speisen sich aus unseren Erfahrungen und Hoffnungen.
Ein offener, ehrlicher und respektvoller Austausch über unseren Glauben ist spannend und bringt alle weiter.
Wir sprechen mit den Kindern über unseren Glauben und über Glaubensfragen. Und wir interessieren uns für ihre Sicht.
Auf theoretische oder wissenschaftliche Beweise für Gott verzichten wir bewusst, da wir auf persönliche Erfahrungen zurückblicken können, die uns Beweis genug sind. Glaube erleben wir als ein spannendes Geschenk, den man – wie z.B. Gefühle – nicht anfassen und beweisen kann.
Wissen bereichert uns in allen Lebensbereichen, auch im Glauben. Den Kindern zu vermitteln, dass Glauben stark macht, ist eines unserer Ziele.

8.2 Familien-Zentrum

Um Familien noch besser unterstützen zu können, hat sich der Verein „Christliche Kindertagesstätte Woltersdorf eV." im Jahr 2007 entschlossen, neben der Kindertagesstätte ein Familien-Zentrum zu gründen.

Die Arbeit in unserem Familien-Zentrum soll dazu beitragen, dass die Kinder unserer Tageseinrichtung weiterhin eine qualitativ optimale und individuelle Förderung, Betreuung und Erziehung erfahren dürfen und Eltern und Familien Bildungs-, Beratungs-, und Freizeitangebote in Anspruch nehmen können.

Eine weitere wichtige Säule unseres Familien-Zentrums ist die Kooperation mit den Kindertagespflegepersonen der Umgebung. Wir laden zum Miteinander ein, bieten aber im Auftrag des Kreisjugendamtes auch die Möglichkeit einer externen Qualitätsüberprüfung mit anschließender regelmäßig stattfindender

Arbeitsgruppen zur Verbesserung der pädagogischen Qualität der jeweiligen Kindertagespflegestelle.

- Durchführung externer Qualitätsüberprüfungen anhand der Tagespflegeskala der pädquis GmbH mit anschließenden nachhaltigen Quartalstreffen zur Sicherung und Verbesserung der pädagogischen Qualität
- Fortbildungsangebote für Tagespflegepersonen
- Konsultationen in den Kindertagespflegeeinrichtungen
- Beratung von Tagespflegepersonen
- Regelmäßige, monatliche Treffen der Tagespflegepersonen mit den zu betreuenden Kindern in den Räumen des Familien-Zentrum s
- Vermittlung von Tagespflegestellen an Eltern

Ergänzende Hilfen für Eltern, durch eine feste Ansprechpartnerin der Kita. Unterstützung der Eltern bei finanziellen, bürokratischen oder anderen Problemen. Durch die tägliche Präsenz der Ansprechpartnerin und den persönlichen Kontakt zu allen Eltern ist die Hilfe jederzeit und somit ohne Hemmschwelle zugänglich.

- „Offenes" Büro für alle Eltern der Einrichtung
- Aufsuchendes Gespräch in den Bring- und Abholsituationen des Kitaalltages, mit dem Ziel, alle Eltern in persönlicher Ansprache zu erreichen
- direkte Unterstützung beim Ausfüllen von Anträgen und Formularen die Kita betreffend

- konstanter Ansprechpartner für alle terminlichen, finanziellen und informellen Fragen der Eltern
- Beratung zum Erhalt von zusätzlichen Leistungen für Familien (z.B. Kuransprüche, Haushaltshilfen im Krankheitsfall, Hilfen zur Erziehung, etc.)
- direkte Unterstützung bei Beantragung solcher Hilfen bzw. Weitervermittlung an die entsprechenden Anlaufstellen

Das Familien-Zentrum soll sich darüber hinaus zu einem Kontakt- und Begegnungsort entwickeln. Verschiedene offene Angebote bieten Eltern die Möglichkeit sich in einem geschützten Rahmen auszutauschen wie z.B. Elterncafé oder Elterntreff, eine Kinderbibliothek

8.3 integrative Arbeit

In unserer Kindertagesstätte möchten wir den Kindern die Möglichkeit geben, sich entsprechend ihres Entwicklungsstandes angemessen mit Behinderungen auseinander zu setzen, um daraus resultierend ein positives Selbstbild entwickeln zu können.

Wir bieten den strukturierten Rahmen, in dem Kinder, die nach dem SGB VIII Anspruch auf Eingliederungshilfen haben, eine bestmögliche Entwicklungsförderung erhalten. Diese entspricht dem individuellen Entwicklungsbedarf eines jeden Kindes mit erhöhtem Förderbedarf und findet sowohl einzeln wie auch innerhalb des Gruppenprozesses statt.

Die Förderung wird durch eine Fachkraft in enger Zusammenarbeit mit der verantwortlichen Gruppenleitung durchgeführt. Durch regelmäßig stattfindende Elterngespräche mit der Erzieherin und der Fachkraft werden die Eltern in den Prozess eingebunden.

Entwicklungs- und Förderberichte dokumentieren den Entwicklungsstand des Kindes.

8.4 Altersmischung

In unserer Einrichtung gibt es verschiedene Altersmischungen in den einzelnen Gruppen. Unsere Krippenkinder (1-3 Jahre) sind in den zwei Krippengruppen unter sich. In den Kindergartengruppen gibt es eine Altersmischung von 3 bis 5 Jahren, in der Waldgruppe von 3 bis 6 Jahren. Unsere „Großen" sind im Entdeckerland: In der Vorschulgruppe sind die Kinder 5 und 6 Jahre alt, die Schulkinder sind zwischen 6 und 10 Jahren alt.

Durch die verschiedenen Altersmischungen in den Gruppen werden unterschiedliche pädagogische Ziele verwirklicht:

Unsere „Kleinen" erfahren in den Krippengruppen einen geschützten Bereich. In den Kindergartengruppen lernen die Jüngeren von den Älteren. Gleichzeitig üben sich die „Großen" in ihrer sozialen Kompetenz. Hilfsbereitschaft, Mitgefühl und andere soziale Verhaltensweisen können so im Miteinander der Kinder gestärkt werden.

In der altershomogenen Vorschulgruppe lernen die Kinder schon vor der Einschulung mit ihren späteren Klassenfreunden zusammen wichtige Dinge – auch für ihren nächsten Lebensabschnitt.

Die Schulkinder der 1. bis 4. Klasse gestalten ihren Nachmittag individuell, in kleinen Gruppen oder in der Gesamtgruppe.

Am Nachmittag herrscht im Entdeckerland also eine große Altersspannweite (5-10 Jahre), wodurch alle angeregt werden.

Die Kinder erleben sich in ihrer Kindergartenzeit und in den ersten Schuljahren in verschiedenen Rollen und sammeln dadurch viele Erfahrungen.

8.5 Krippenarbeit

In unserer Einrichtung gibt es zwei Krippengruppen mit je 12 Kindern im Alter von einem bis drei Jahren. Dort arbeiten je zwei Erzieherinnen und eine Praktikantin.

Da die Kinder noch am Anfang ihrer Entwicklung sind, werden sie, besonders in der Eingewöhnungszeit, beim Laufen- und Sprechenlernen, begleitet.
Auch die Sauberkeitserziehung ist ein Schwerpunkt dieser Gruppen.
Eine weitere Besonderheit ist der Mittagsschlaf, bei dem sich alle Kinder dieser Altersgruppe zwischen 12:00 Uhr und 14:00 Uhr zum Schlafen oder Ruhen auf Matratzen hinlegen.
Bei all diesen Schwerpunkten ist den Erziehern eine enge und einvernehmliche Zusammenarbeit mit den Eltern wichtig.

Im Freispiel draußen nutzen wir mit den Kindern den kleinen abgetrennten Garten, um die „Kleinsten" besonders zu begleiten und zu schützen.
Am Vormittag bieten wir einen Morgenkreis an, der von einem festen Rahmen mit einem gleichbleibenden Gebet und einem Lied umspannt ist.

An gruppenübergreifenden Aktivitäten, wie z.B. die regelmäßigen Kindergottesdienste im Mehrzweckraum oder dem jährlichen Faschingsfest, nehmen wir grundsätzlich teil. Wir achten aber darauf, dass kein Kind mit ungewohnten Situationen überfordert wird und ermöglichen altersentsprechende Lösungen.

Herzlich Willkommen in der Christlichen Kindertagesstätte Woltersdorf!

Ihr Kind ist in unserer Einrichtung angemeldet.

Wir möchten, dass es sich bei uns wohl fühlt.

Um das zu erreichen, ist es wichtig, die erste Zeit behutsam zu gestalten.
Wir bieten eine zweiwöchige kostenfreie Eingewöhnung vor Beginn ihres Aufnahmetermins.
Die Eingewöhnungszeit kann 2 Wochen oder länger dauern.

Das Tempo bestimmt alleine das Kind!
Lassen sie Ihrem Kind die Zeit, die es braucht.

Es gibt einige wichtige Punkte, die bei einer Eingewöhnungszeit immer beachtet werden sollten:

- Die Eingewöhnung geschieht altersgemäß und individuell in der jeweiligen Gruppe

- Die Familienperson, die dem Kind nahe ist, es aber auch loslassen kann, sollte das Kind eingewöhnen.

- In den ersten 3 bis 5 Tagen sollte die Bezugsperson den Raum nicht ohne das Kind verlassen. Für das Kind ist es wichtig, in Sicherheit Kontakt mit den anderen Kindern aufzunehmen.

- Die Bezugsperson sollte sich eine ruhige Ecke im Raum suchen, evtl. auch bei anderen Kindern, und ihr Kind dort beobachten, ihm positive Reaktionen zukommen lassen, wenn es zum Beispiel malt oder baut. So merkt das Kind, das Mama oder Papa noch da ist, und es kann in Ruhe weiterspielen.

- Eltern sollten in der Eingewöhnungszeit ihr Kind nie drängen, sich von ihnen zu entfernen. Wenn es soweit ist, entfernt es sich von allein, um mit anderen Kindern oder den Erziehern zu spielen.

- In der nächsten Phase sollte das Essen „gewöhnt" werden, erst gemeinsam mit der Bezugsperson, später alleine.

- Die letzte Phase ist die Schlafgewöhnung. (Wenn das Kind noch Mittagsschlaf macht.) Die Erzieherin geht dabei liebevoll auf die individuellen Bedürfnisse des Kindes ein.

- Name des Kuscheltieres, Bezeichnung für Schmusetuch und Schnuller, aber auch Vorlieben und Abneigungen des Kindes sollte der Erzieherin bekannt sein, damit die Fremdheit verschwinden kann.

Eine behutsame Eingewöhnungszeit ist die beste Grundlage für eine schöne Kita Zeit.

Wir freuen uns auf Sie und Ihr Kind!

8.6 Vorschulpädagogik

Bei uns gibt es keinen festen „Vorschultag", es gibt keine Vordrucke und Arbeitsblätter am laufenden Band. Für unsere Vorschulkinder ist jeder Tag ein solcher „Vorschultag", denn an jedem Tag gibt es etwas Wichtiges zu lernen. Eigene echte und aktive Erfahrungen sind wichtig. Besonders die Erziehung zu Selbstständigkeit und zu sozialen Verhalten sind Erziehungsziele in der Vorschulgruppe.

Neben dem Morgenkreis gibt es täglich ein zusätzliches Angebot. Dabei arbeiten wir themenorientiert, z.b. „Woher kommen unsere Feste und Bräuche" in Anlehnung an das Kirchenjahr, aber auch Themen wie Verkehrserziehung, gesunde Ernährung oder die Berufe der Eltern stehen auf dem Programm.

Im Alltag setzen wir in Angeboten und im freien Spiel verschiedene Montessori-Materialien ein (z.B. goldenes Perlenmaterial, Muggelsteine, Zehnerstangen). Die „Übungen des täglichen Lebens" gehören fest zu unserer Vorschularbeit (z.B. Hände waschen, Tisch decken) genauso wie das Kennenlernen der Umgebung. Durch Spaziergänge und Ausflüge wird Woltersdorf mit seinen Straßen, Institutionen und Landschaften erkundet sowie unsere nahen Nachbarorte Erkner, Schöneiche und Woltersdorf. Auch Ausflüge nach Berlin und Potsdam gehören dazu. Jedes Jahr besuchen wir mit den Kindern die Polizei, die Feuerwehr, das Rathaus, die Kirche, die örtlichen Schulen und vieles mehr. Dabei ist es uns wichtig, den Kindern die Erfahrung zu ermöglichen, dass vieles zu Fuß erreichbar ist. Aber auch das sichere Verhalten in Straßenbahn, Bus und anderen öffentlichen Verkehrsmitteln wird trainiert.

Zweimal im Jahr haben wir eine „Schulwoche". In diesen Wochen erleben die Kinder spielerisch und mit viel Vorfreude einen etwas anders strukturierten Tagesablauf.

Da wir „Haus der kleinen Forscher" sind und weil diese Welt mit ihren vielen spannenden Zusammenhängen und Phänomenen so spannend ist, bekommen die Vorschulkinder sehr häufig die Gelegenheit, zu experimentieren und zu forschen (z.B. mit Sprudelgasen, Wasserexperimente, Farben, Magnetismus). Das freie Experimentieren ist jederzeit möglich. Strukturierte und unstrukturierte Materialien stehen jederzeit genauso zur Verfügung wie Pipetten, Mikroskope, Trichter, und viele andere Utensilien.

In Bezug auf die „Vorschularbeit" ist uns neben allem besonders das freie kindliche Spiel wichtig. In den verschiedenen Funktionsecken und -räumen im Haus, im Garten sowie in der freien Natur können die Kinder im freien Spiel besonders viel lernen.

8.7 Waldpädagogik

Unsere Waldgruppe hat ihr Domizil in einem gemütlichen Waldwagen auf dem örtlichen Festplatz „Maiwiese" in Woltersdorf, direkt am Wald.
Die Wald- und Naturpädagogik gestalten wir in Anlehnung an das Erziehungskonzept von Maria Montessori.
Die Kinder halten sich fast ausschließlich im Freien auf, beziehen ihre Spielanregungen aus der Natur und erwerben durch eigene Anschauung und Erfahrungen Naturkenntnisse.
Im offenen Gruppenraum „Wald" und in den anderen Naturräumen, die wir mit der Waldgruppe nutzen (z.B. Wiesen, Strände, Gärten) sind vielfältigste Aktivitäten und Erfahrungen möglich. Pflanzen und Tiere können beobachtet und bestimmt werden. Aus Naturmaterialien können kreative Basteleien oder Spielmaterialien entstehen. Körperliche Aktivitäten wie Rennen, Balancieren und Klettern können von den Kindern intensiv ausgelebt und ausprobiert werden. Die Kinder lernen z.B. Kräuter kennen und verarbeiten diese zu kulinarischen Köstlichkeiten oder Praktischem wie Seife. Zum Teil erlangen sie dabei Wissen und erwerben Fähigkeiten, die in der heutigen Zeit nicht mehr selbstverständlich sind. Das gilt auch für den sicheren Umgang mit Werkzeugen wie Schnitzmesser, Säge und Bohrer sowie Entdeckerutensilien wie Lupen, Kompass und Karten.
Lernerfahrungen sind hier besonders ganzheitlich, das heißt mit allen Sinnen möglich. Der Aufenthalt in der Natur tut Körper und Seele gut. Der Wechsel der Jahreszeiten – das Werden und Vergehen z.B. – werden unmittelbar erlebt und begriffen. Weite und Ruhe sowie frische Luft und Bewegung tun den Kindern gut.

8.8 Tiergestützte Pädagogik

Tiergestützte Pädagogik heißt, dass die Kinder den sicheren Umgang mit Tieren unter fachlicher Anleitung lernen. Zurzeit leben im Entdeckerland viele Fische, ein Chamäleon und ein Hamster. Die Hündin „Zartbitter" besucht uns regelmäßig in allen Gruppen, und die Kinder lernen und üben mit ihr, wie fremden und vertrauten Hunden zu begegnen ist.
Wir haben auch schon einmal die drei Igel Eugen, Egon und Emil aufgenommen und bis zum Winter aufgepäppelt.

9 Häuser und Gruppen

9.1 Verbindende Aspekte

9.1.1 Gruppenalltag und Gruppenübergreifende Aktivitäten

Der Tag beginnt in unserer Kita mit dem Frühdienst um 6:45 Uhr. Alle Kinder treffen sich in einer Gruppe mit einer Erzieherin in einem vorbereiteten Raum. Bis 8:00 Uhr haben sie hier die Möglichkeit, anzukommen, auszuruhen, zu frühstücken oder sich frei spielerisch oder kreativ zu betätigen. Zwischen 8:00 Uhr und 16:00 Uhr wird der Tag in den einzelnen Gruppen gestaltet. Hier haben die Kinder zunächst Gelegenheit, mit der Erzieherin und anderen Kindern zu frühstücken. Weiter gibt es vormittags freie Spielphasen sowohl im Gruppenraum als auch im Garten. Gegen 10:00 Uhr findet in den einzelnen Gruppen ein Morgenkreis statt, der die Bildungsbereiche ebenso berücksichtigt wie aktuelle Themen und Anlässe. Bei der Gestaltung des Morgenkreises fließen auch immer die Interessen und Bedürfnisse der Kinder ein. Oft führt der Morgenkreis direkt in ein geplantes Angebot, das verschiedene Erfahrungen ermöglicht und vertiefend und ganzheitlich Themen aufgreift (z.B. psychomotorische Spielangebote im „Sportraum", kreatives Gestalten zu einer Geschichte). Dazu haben die Erzieherinnen der einzelnen Gruppen auch einen Wochenplan erarbeitet, der jedoch kein Dogma darstellt und in dem aktuelle Anlässe einfließen können.

Das Mittagessen nehmen die Kinder zu einer regelmäßigen Zeit (Krippe und Kita ca. 11:30 Uhr, Schulkinder und Waldkinder ca. 12:30 Uhr) gemeinsam mit der Erzieherin in ihrem Gruppenraum ein. Im Entdeckerland wird das Essen in der „Mensa" eingenommen.

Nach dem Mittag schließt sich eine Ruhephase an, in dem die Kinder die Möglichkeit des Ruhens oder Schlafens erhalten.

Am Nachmittag gehen die Kinder in den Räumen oder im Außengelände frei ihrem eigenen Spiel und ihrer Kreativität nach. Gegen 14:00 Uhr wird in allen Gruppen ein Vesper angeboten.

Der Tag im Wald endet um 15:00 Uhr. Das Entdeckerland ist bis 16:00 Uhr geöffnet. Ab 16:00 Uhr findet eine gemeinsame Betreuung aller Kinder im Spätdienst statt. Unsere Kita schließt um 17:00 Uhr.

Neben der alltäglichen Zeit in den Gruppen erleben die Kinder einige Aktivitäten und Angebote bei uns auch gruppenübergreifend.

Dazu zählen vor allem die regelmäßigen Feste (z.B. Advent, Weihnachten, Fasching, Sommerfest, Erntedank,) und die Kindergottesdienste, die monatlich in unserem großen Mehrzweckraum stattfinden. Zu Anlässen wie Advent, Ostern, Himmelfahrt, Erntedank oder zur Verabschiedung der Schulanfänger kommen hierbei alle Gruppen zusammen, um gemeinsam zu singen,

Geschichten zu erleben und um Gottes Segen zu bitten. Zu Weihnachten gestalten wir einen eigenen Gottesdienst in der Kirche.

Darüber hinaus werden auch Projekte und Ausflüge gruppenübergreifend geplant und durchgeführt. Zur „Bunten Stunde", die unsere Kindergartenkinder regelmäßig im Evangelischen Krankenhaus für die Patienten gestalten, und auch zu anderen Gelegenheiten tun sich ebenfalls Gruppen zusammen. Neben alledem begegnen sich die Kinder verschiedener Gruppen in den Früh- und Spätdiensten, sowie beim Spielen im Garten.

9.1.2 Mahlzeiten und Ernährung

Da die Ernährung ein wichtiger Bestandteil für die Entwicklung des Kindes ist, legen wir großen Wert auf eine ausgewogene und gesunde Ernährung. Süßigkeiten heben wir uns dabei für besondere Anlässe auf.
In unserer Einrichtung bieten wir täglich ein Obstfrühstück an. Bei der Zubereitung werden die Kinder mit einbezogen.
Getränke stehen jederzeit zur Verfügung, je nach Alter der Kinder sogar zur Selbstbedienung in Reichweite der Kinder.
Unsere gemeinsamen Mahlzeiten beginnen mit einem gesungenen oder gesprochenen Gebet als Ritual. Wir achten auf eine angenehme Atmosphäre, in der Tischgespräche möglich sind.
Während der Mahlzeiten haben die Kinder die Möglichkeit, zwischen Speisen und Getränken zu wählen und sich selbst die Menge aufzutun, die sie essen wollen. Wir unterstützen die Kinder bei dem Bewusstsein, ihr Maß für Hunger, Appetit und Sättigung zu finden.
Kinder, die bestimmte Speisen nicht zu sich nehmen dürfen, erhalten alternative Angebote. Die Eltern werden über einen aktuellen Speiseplan über das Angebot informiert.

9.1.3 Ruhen und Schlafen

Ruhen und Schlafen tun gut, schenken neue Kraft und tragen zum Wohlbefinden bei. Jedes Kind hat ein Recht auf Ruhe. Uns ist es wichtig, dass jedes Kind im Tagesablauf die Möglichkeit einer Ruhe- und/oder Schlafphase erhält. Diese wird alters- und tagesablauf-entsprechend in der jeweiligen Gruppe ermöglicht. Hierbei werden Rituale angeboten und eine ruhige, liebevolle Atmosphäre vorbereitet. Individuelle Bedürfnisse des Kindes werden berücksichtigt und mit den Eltern besprochen. Aber kein Kind in Kindergarten oder Hort wird zum Schlafen gezwungen.

In den Krippen- und Kindergartengrupppen hat jedes Kind eine eigene Matratze. Die Bettwäsche wird von zu Hause mitgebracht, da diese vertraut riecht und somit das Wohlbefinden steigert.
In der Waldgruppe und im Entdeckerland haben die Kinder die Möglichkeit zu Ruhen.

9.1.4 Gruppenraum und Material

Jede Gruppe hat in unserer Kita einen eigenen Gruppenraum, der individuell gestaltet ist. In allen Räumen sind verschiedene Funktionsspielecken eingerichtet. Je nach Alter- und Entwicklungsstand der Kinder gibt es z.b. eine Puppenecke, eine Bücherecke, Ruhe- und Rückzugsbereiche oder aber eine Experimentierecke. Die Kinder können frei wählen, in welcher Funktionsecke sie sich aufhalten und betätigen wollen.
Alle Räume sind hell und freundlich gestaltet. Große Fenster sorgen für viel Tageslicht. Einige Gruppenräume führen durch eine Tür direkt in unseren Garten.
Die Möbel und Einrichtungsgegenstände sind kindgerecht, funktional und sicher. Bei der Auswahl des Spielmaterials werden neben pädagogischen auch ökologische und ästhetische Gesichtspunkte betrachtet. Es ist sehr vielseitig, hat Aufforderungscharakter und ist auf alle sechs Bildungsbereiche anwendbar. Die Kinder haben die Möglichkeit ihre Räume mitzugestalten (z.B. Dekoration). In jeden unserer Gruppenräume sind christliche Medien (z.B. Bücher, CDs) und Symbole (z.B. Kreuz, Regenbogen) zu finden, die die Werte unseres Christseins veranschaulichen und erklären.
Die Waldgruppe nutzt Wald, Wiese, Strand, Festanlage und die nahe Umgebung als ihren Gruppenraum. Zusätzlich gibt es einen kreativ und funktional eingerichteten, speziell für uns neu angefertigten „Waldwagen" als Schutzraum.

9.1.5 Außengelände

Jeder unserer vier Standorte hat ein großzügiges Außengelände. Diese sehen wir als „Lernlandschaften" an.
Unsere Außengelände bieten den Kindern mit ihren unterschiedlichen Geländestrukturen (Sandkasten, Wiesen, Hänge, Hügel, Wege, etc.) vielseitige Bewegungs- und Lernanregungen. Uns ist es wichtig, dass unsere Kinder in einem geeigneten Rahmen Erfahrungen mit den Elementen (Erde, Feuer, Wasser, Luft) sammeln können, wodurch auch ihre kreativen Fähigkeiten gefördert werden.

In einem sicheren abgegrenzten Rahmen haben die Kinder so die Möglichkeit, ihrem kindlichen Bewegungsdrang nachzukommen. Hierfür stehen ihnen viele unterschiedliche Spiel- und Klettergeräte, Naturmaterialien und viel freier Raum zur Verfügung.

In unseren „Lernlandschaften" finden die Kinder sowohl Rückzugsräume als auch vielfältige Möglichketen sich motorisch und sinnlich mit ihrer natürlichen und strukturierten Umwelt auseinanderzusetzen.

Durch den täglichen Aufenthalt im Freien erleben die Kinder bewusst den Wechsel der Jahreszeiten mit all ihren Facetten. Dazu stehen ausreichend freie und geschützte Flächen zur Verfügung (Sonnensegel, Schattenflächen durch Bäume, etc.).

Für unsere Krippenkinder haben wir einen besonders geschützten, altersgerecht gestalteten Spielgarten eingerichtet. Der Garten des Entdeckerlandes ist den Bedürfnissen von Vorschul- und Schulkindern angepasst (z.B. großes Fußballfeld, Seilbahn). Die Waldgruppe nutzt alle Möglichkeiten, die ihnen Wald, Wiese, Strand und Festanlage in ihren Eigenarten zur Verfügung stellen.

9.2 Unsere einzelnen Häuser und Gruppen

Jede Gruppe hat eine „Begrüßungsmappe" zusammengestellt, die die Kinder und Familien erhalten, bevor die Eingewöhnung bzw. der Gruppenwechsel stattfindet. Hierin wird die jeweilige Gruppe mit ihren Besonderheiten in der Ausrichtung, der Wochenplan und der Tagesablauf vorgestellt. Auch wichtige Hinweisen sind hier zu finden.

9.2.1 Die „Schatzkiste"

In der „Schatzkiste" befinden sich drei Gruppen:
Das sind zum Einen unsere zwei Krippengruppen, die **„Sterntaler"** und die **„Gänseblümchen"** und zum Anderen die Kindergartengruppe der **„Blumenkinder"**.

Im Obergeschoss des Neubaus befinden sich die Räume der Kita-Leiterin, der Geschäftsführerin, das Mitarbeiterbüro, ein Werkraum, ein Raum für ruhige Angebote und Materialien für religiöse Angebote sowie unser viel genutzter Mehrzweckraum. In diesem finden Gottesdienste (auch Familien- und Kindergottesdienste), Angebote zur Bewegungserziehung, Tanzen, Spielkreis, Weihnachtsfeiern, und vieles mehr statt.

Die Kinder der Schatzkiste und die der Villa teilen sich einen gemeinsamen Garten. Die Krippenkinder haben darin einen eigenen geschützten Bereich.

9.2.2 Die „Villa"

In diesem Haus fing unsere Kita ursprünglich an bevor sie erweitert wurde.
In der „Villa" sind die zwei Kindergartengruppen zu Hause:
Die **„Mäusekinder"** haben ihre Räume in der unteren Etage. Im Obergeschoss
sind die **„Grashüpfer"** zu finden.
Im Keller hat unser Hausmeister sein Reich.
Die Kinder der Schatzkiste und die der Villa teilen sich einen gemeinsamen
Garten.

9.2.3 Der „Waldwagen"

Der Waldwagen ist das Zuhause und der Schutzraum unserer **„Waldgruppe"**.
Als erweiterten Gruppenraum nutzen die Waldkinder natürlich den Wald und
andere Möglichkeiten der Woltersdorfer Umgebung.

9.2.4 Das „Entdeckerland"

Das großzügige Haus „Entdeckerland" wird von zwei Gruppen genutzt. Zum
Einen sind hier die Vorschulkinder, die **„Detektive"**, zu Hause und zum
Anderen gestalten hier die **„Schulkinder"** ihren Nachmittag.
Der große Raum der unteren Etage ist in verschiedene Funktionsbereiche
unterteilt, hier integriert ist auch eine offene Küche. Daneben gibt es noch eine
Mensa, in der die Kinder die Mahlzeiten einnehmen.
Im Obergeschoss befindet sich ein großer Raum, der von den Kindern für
kreatives Spiel genutzt wird (z.B. Rollenspiele, Buden bauen), aber auch Platz
genug für einen Spielkreis, Gesprächsrunden und Seminare im Rahmen der
Arbeit unseres Familien-Zentrums bietet. Ein zweiter Raum im Obergeschoss
wird für die Hausaufgabenzeit und andere ruhige Aktivitäten genutzt. Hier
findet das Mittagsgebet statt und hier ist auch die Kinderbibliothek beheimatet.
Darüber hinaus gibt es noch einen großen Flurbereich und ein Mitarbeiterbüro.
Zum „Entdeckerland" gehört ein großer Garten.

10 Beziehungen und Kooperationen

In unserer Kindertagesstätte treffen täglich viele Menschen aufeinander.
Hier begegnen sich Kinder und Eltern mit Erziehern, der Leitung und weiteren
Mitarbeitern. Oft sind auch andere Familienmitglieder beim Bringen oder
Abholen der Kinder dabei.
Im Inneren der Kita gibt es vielfältige Beziehungen und Strukturen.
Die Kolleginnen arbeiten oft Hand in Hand, manche Gruppen werden sogar von
zwei Erzieherinnen geführt. Wir arbeiten mit Praktikanten und einer Reihe
weiterer Mitarbeiter, ohne die unsere tägliche Arbeit nicht so reibungsarm
ablaufen würde, z.B. unsere Küchenfeen und unser Hausmeister. Die
pädagogische Leitung und die Geschäftsführung sind in allen vier Häusern
zugegen und treten in Kontakt mit Mitarbeitern und unseren Kunden, den
Kindern und ihren Eltern.
Auch nach außen gibt es diverse Beziehungen und Kooperationen. Unsere
Nachbarn und unser Ort sind uns wichtig. Vorgeschriebene Beziehungen zu
Behörden und langjährige Kontakte zu Institutionen und Firmen nehmen
Einfluss auf unsere Arbeit.
Kooperationen, die neu unter dem Dach des Familien-Zentrums begründet oder
bestärkt werden, helfen uns, ein Netzwerk zu weben, das das Miteinander
erleichtert, unsere Arbeit unterstützt und vor allem den zu uns gehörenden
Familien einen Nutzen bringt.

Wo sich Menschen begegnen, gibt es immer Erwartungen aneinander. Sich
diese Erwartungen bewusst zu machen, darüber ins Gespräch zu kommen und
eine positive und effektive Gesprächskultur zu entwickeln, ist uns ein Anliegen.

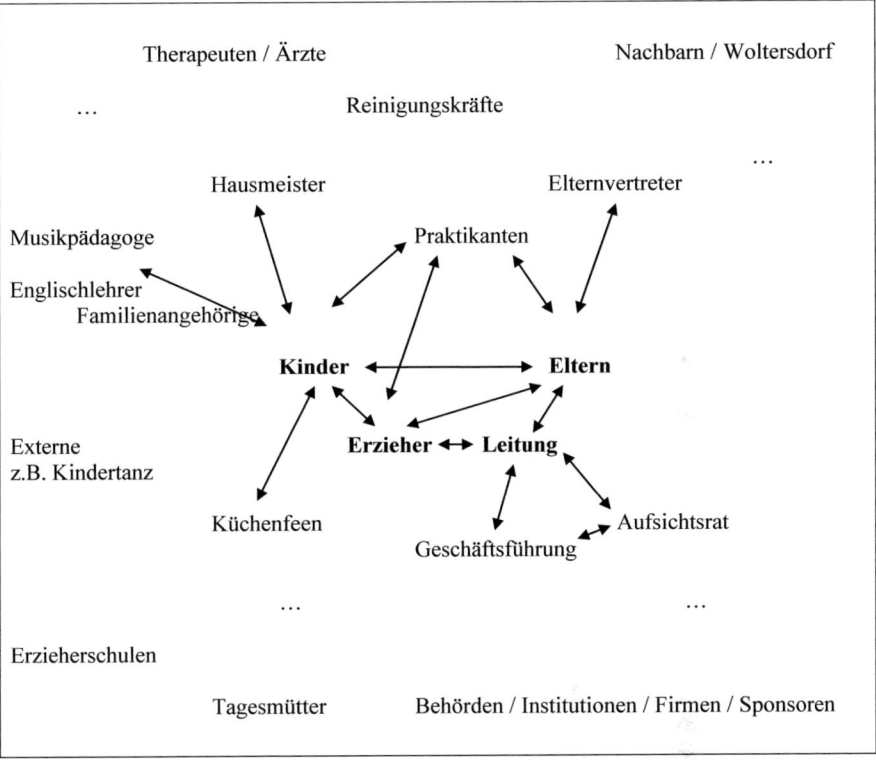

Aus Gründen der Übersichtlichkeit ist nur ein Ausschnitt aus der Vielzahl der Beziehungen in der und um die Kita eingezeichnet, wobei nicht alle Beziehungen durch einen Beziehungspfeil gekennzeichnet sind.

Im Folgenden beschreiben wir kurz einige wichtige Beziehungen innerhalb unserer Kita und nach außen.

10.1 Eltern und Kind

Die Beziehung zwischen Eltern und ihren Kindern ist uns sehr wichtig.
Eltern sind Experten ihrer Kinder und können uns dadurch in unserem
pädagogischen Alltag mit ihrem Kind optimal unterstützen. Sie sind ihnen
Vorbilder und Vertraute.
Wir sehen es als große Aufgabe, diese Beziehung zu stärken und sie in unseren
Möglichkeiten zu unterstützen.

10.2 Kind und Erzieher

In der Beziehung zwischen Kindern und Erzieherinnen werden die Anliegen
der Kinder ernst genommen. Es ist uns wichtig, dass die Erzieherinnen den
Kindern das Gefühl der Geborgenheit und Zuverlässigkeit geben. Die
Erzieherinnen verstehen sich als Begleiter und geben notwendige Hilfen und
Anregungen. Die Erzieherinnen sind sich ihrer Vorbildrolle bewusst, die durch
das Nachahmungslernen in den ersten Lebensjahren besonderes Gewicht erhält.
Dies ermöglicht aber auch, den Kindern durch das eigene Verhalten
Orientierungspunkte (gerade) auch in geistlicher Hinsicht zu geben.

10.3 Eltern und Erzieher

Unser Team legt großen Wert auf einen respektvollen und engen Kontakt mit
den Eltern. Wir wollen im regen Austausch miteinander bleiben, Tür- und
Angelgespräche sowie Entwicklungsgespräche anbieten.
Uns ist der offene und ehrliche Umgang miteinander wichtig, damit die Kinder
optimal gefördert werden, Stärken und Schwächen erkannt werden können. Die
Eltern unterstützen aktiv die Gruppenarbeit, indem sie uns bei Ausflügen,
Festen und Feiern, sowie in Projekten mit eigenen Ideen und Materialien
unterstützen.

10.4 Erzieher-Team

Als Erzieher sind wir in jeder Hinsicht Vorbilder für die Kinder. Das gilt auch im Umgang miteinander.
Wir sehen uns über unseren professionellen Rahmen hinweg auch als eine Dienstgemeinschaft im Glauben. Dabei bringt jeder Gaben und Fähigkeiten in unser Team ein, wodurch eine reiche Vielfalt entsteht. Wir ergänzen und bereichern uns gegenseitig in der Arbeit und auch im persönlichen.
Dazu ist ein hohes Maß an Kooperation nötig. Diese ist nur auf der Grundlage des Vertrauens möglich. Wichtig ist uns ebenfalls ein reger und regelmäßiger professioneller Austausch. Dies geschieht vor allem in den wöchentlichen Dienstberatungen mit allen Erziehern und in internen Dienstberatungen z.B. der Kooperationsgruppen.
Unser Umgang miteinander ist geprägt durch gegenseitigen Respekt, Achtsamkeit und Fürsorge. Das freundschaftliche Miteinander, das über lange Zeit entstanden ist und sich verfestigt hat, wird gepflegt und wirkt positiv auf das gemeinsame Arbeiten.

10.5 Leitung und Erzieher

Mit *Leitung* sind im Folgenden die beiden Geschäftsführer und die pädagogische Leitung der Einrichtung gemeint.

Erzieherinnen und die Leitung arbeiten in einem kollegialen und freundschaftlichen Verhältnis.
Die Leitung übernimmt die Verantwortung für ihre Angestellten. Die Erzieherinnen arbeiten mit dem vollsten Vertrauen der Leitung.
An den Dienstberatungen nimmt auch die Leitung teil.
Die Leitung bemüht sich, die Erzieherinnen auf dem neusten Informationsstand zu halten. Zur Entscheidungsfindung ist die Meinung der Erzieherinnen erwünscht. Bei auftretenden Problemen versucht die Leitung, dieses zeitnah durch ein offenes Gespräch beizulegen.

10.6 Praktikanten

Praktikanten unterstützen und ergänzen die Arbeit der Erzieherinnen.
Wir möchten ihnen helfen, Erfahrungen zu sammeln und geben ihnen die
Möglichkeit, ihre Fähigkeiten in unterschiedlichen Bereichen auszuprobieren.
Wir begleiten die Praktikanten in einem entscheidenden Lebensabschnitt. Wir
versuchen ihnen bei Fragen Antworten zu geben und bei Problemen Lösungen
zu finden. Wir versuchen, ihnen auch als Christ ein Vorbild zu sein. Wir
fördern und stärken sie.
Praktikanten in der Berufsausbildung und aus Bildungsmaßnahmen geben wir
die Möglichkeit, im Rahmen ihrer Ausbildung Erfahrungen zu sammeln. Dazu
werden sie eng von einer kompetenten Anleiterin und der pädagogischen
Leiterin begleitet.
Regelmäßige Praktikantentreffen geben einen Rahmen für Austausch und für
kleine Schulungen zu pädagogischen Fragen.

10.7 weitere Mitarbeiter

In unserer Kita arbeiten noch viele weitere Mitarbeiter, z.B. unsere
„Küchenfeen", unser Hausmeister und unsere „Putzfeen".
Die Beziehungen zu diesen Mitarbeitern sollen gepflegt und gefördert werden.
Sie sind Teil unseres Teams und werden in verschiedenen Fragen mit
einbezogen. Vierteljährlich finden erweiterte Dienstberatungen statt, bei denen
speziell Anliegen der weiteren Mitarbeiter in den Blick genommen werden,
diese informiert und an Entscheidungen beteiligt werden.
Der Austausch und der respektvolle Umgang mit ihnen sind uns sehr wichtig.
Eine gute Vernetzung findet statt.

Darüber hinaus gibt es viele ehrenamtliche Mitarbeiter. Einige bringen sich
punktuell, andere regelmäßig ein.
Viele unserer Angebote wären ohne sie nicht möglich (z.B. Kinderbibliothek,
Spielkreise, Babygruppe, Projekte, etc.).
Wir möchten sie so weit wie möglich unterstützen und ihnen für ihr
Engagement danken.

10.8 Dritte

Wir arbeiten zusammen mit …

- Externen   z.B. Kindertanz, Tagesmütter, …

- Kirche und christlicher Jugendclub „Oase"
- Behörden   z.B. Landesjugendamt, dem Landkreis Oder-Spree und
                      dessen für uns zuständigen Stellen wie Jugendamt, Hygiene,
                      Bauordnungsamt, … und Förderämter, …

- Institutionen   z.B. Evangelisches Krankenhaus Woltersdorf,
                      Kreisjugendamt, Schulen, andere (neue) Kindertagesstätten,
                      GWG, Banken, Kiebitz e.V., Stiftungen, Unfallkassen,
                      Bundesverwaltungsamt Köln, …

- andere   z.B. Anwohner, Vermieter, Betriebsärztin, …

Es gibt einige vorgegebene Beziehungen. Auch diese sind über Jahre durch
konstruktive Zusammenarbeit in eine persönliche Beziehung gemündet.
Es ist oft ein gegenseitiges Geben und Nehmen!